JN088181

Discover, Dream, Design
& Drive your Future

30年後のビジネスを「妄想・構想・実装」する

未来創造戦略ワークブック

河瀬 誠

日本実業出版社

はじめに

自分たちの未来を創り出そう

今、スマホのない生活など考えられるだろうか?

あなたならどうだろう？　今日の予定も見えない、行き先もわからない、相手に連絡もつかない。SuicaやPayPayで支払えないから、電車に乗るにも買い物するにも小銭が必要だ。LINEやメールで友人や会社に連絡することもできない。Twitterも見れないし、Facebookやインスタグラムもできず、アマゾンやメルカリも使えない。

スマホを家に忘れた日には、何も身動きが取れない。そんな生活は、とても考えられないと思うことだろう。

しかし、日本ではじめてのスマホiPhone 3Gが発売されたのは、2008年だ。10年少し前まで、私たちはスマホのない世界に暮らしていたのだ。

少し前にはネットも携帯もパソコンもなかった

もう少し時代をさかのぼってみよう。

およそ20年前、ソフトバンクがYahoo! BBを発売する2001年までは、日本には実質的にインターネットが存在しなかった。パソコンはあったが、ネットには繋がっていなかった。今や、そんな時代を想像することは難しい。

さらに、およそ30年前の1991年にドコモが小型携帯電話movaを発売するまで、またおよそ40年前の1982年にNECがPC9801を発売するまでは、日本には実質的に携帯電話もパソコンも存在しなかった。連絡はすべて固定電話と紙。そして紙の文字はぜんぶ手書きだった。

その当時、ちょうどバブル期の日本人ビジネスマンたちが、一体どのように仕事していたのか、今となっては想像することすら難しい。

今の私たちは「昔のSF」の世界に住んでいる

では逆に、30年前の1990年頃のバブルの世界から、今の私たちの世界はどう見えるだろう。

今の私たちは、当時の世界最高速のスーパーコンピュータの約100倍の性能のスマホを当たり前のように使い、米国から配信されるYouTubeを日本語の字幕翻訳付きで視聴し、中国のTikTokに動画をアップしている。

その一方で、当時は10%を超えたばかりだった日本の高齢化率は30%近くに達した。また、当時はGDPで日本の1割にも満たなかった発展途上国・中国の経済力は、今では日本の3倍以上、世界最先端のデジタルを活用する国へと変貌している。

このような変化は、当時は誰も想像できなかったかもしれない。今の私たちは、過去の「SF（空想科学小説）」の中の住人だといえる。

SFとともに新しい産業が登場し、成長した

この30年、いわばSFの実現とともに、そのSFを実現する会社が登場し、巨大化してきた。世界の株式市場のトップを占める、いわゆる「GAFAM」、すなわちGoogle（1998年創業）、Apple（1976年創業）、Facebook/Meta（2004年創業）、Amazon（1995年創業）、Microsoft（1975年創業）には、30年前には存在しなかった会社もある。こうした会社はいわば「SF実現企業」だともいえる。彼らがそれまではSFだったことを実現し、世界を変え、自らも成長したのだ。

成長したのはGAFAMだけではない。SFの世界に登場した出来事を活用して新しい事業を展開した会社は他にも多い。

たとえば、ソニーを考えてみよう。ソニーは1970年代に「電子立国日本」を代表する会社として成長した。世界初の製品として世に出したトランジスタラジオやウォークマンは、「歩きながら音楽を聴く」という過去のSFを実現する製品だったといえる。当時のソニーの売上のほとんどは、テレ

ビやビデオといったAV家電だった。

それが今では、ソニーの売上にしめる家電の比率はおよそ21％（2021年）となり、今のソニーはカメラ用のCMOSセンサー、プレイステーションなどのゲーム機、また映画や音楽といったコンテンツ、さらに金融サービスも提供する会社へと変貌している。未来は、さらに電気自動車や「協生農法」といった事業も展開する会社となっているかもしれない。

一方で、もしもソニーがAV機器メーカーのままだったら、ほとんどの事業をスマートフォンに奪われていただろう。

そのほかにも、SFの実現とともに、新しい事業に乗り出して成長を続けている会社は多数ある。もしかしたら、今のあなたの仕事もインターネットやスマホの登場なしには、存在し得なかった仕事かもしれない。

SFの実現とともに消える仕事や産業もある

その一方で、SFに乗り切れなかった会社や産業もある。

携帯電話（ガラケー）がその代表例だろう。たった15年ほど前まで、携帯電話は日本国内だけで毎年5000万台が売れる、5兆円近い巨大産業だった。1999年頃に発表されたiモードは世界の最先端を走り、関連するサービスも多数出現した。しかしその巨大産業は、2008年のiPhone登場から５年後の2013年、パナソニックとNECの事業終了をもって実質的に消滅した。

こうした変化はこれからも起きる。

2030年代には、多くの国でガソリン車の販売が禁止される。現在、国内雇用の約１割を抱える50兆円規模の巨大な自動車産業には大きな転換が迫られている。ガソリンスタンドを抱える石油産業にも大きな影響があるはずだ。また自動運転車が普及すると、物流業界やバスや鉄道の会社、また自動車保険を大きな収益源とする損保業界にも大きな影響があるはずだ。

≫ これからも仕事は消滅し、新たに誕生する

これからも新しい技術や製品が登場し、新しいSFを創り出す会社、また新しいSFを活用する会社が登場し、大きな産業を作っていく。その一方で、今ある仕事が消え、今栄えている産業も消滅していく。

この変化は、通信やコンピュータの世界だけではない。

小売業、物流業、エネルギー、自動車、製造業、建設業、医療、農業といった巨大産業が、これから大きく変わっていく。どんなSFが実現するかは本書の第２章で説明するが、こうしたSFの実現に伴って、これら産業の10年後、20年後、30年後の姿は、今とは大きく違ったものになる。

世界がSFのように変わるなか、今までと同じ仕事をするばかりだと次第に時代に取り残されてしまう。自分のいる業界がまるごと消える可能性さえあるだろう。

今ある仕事や事業がそのまま続くと考えるのは、とても危険だ。現在の延長線上でいくらカイゼンを続けても、産業そのものが消滅してしまうと、生き残ることはできない。

≫ あなたの未来を創り出す「方法論」を授けたい

未来学者でもあるピーター・ドラッカーは「未来は知りえない。しかし自ら創り出すことはできる。成功した人や企業はすべて、自らの未来を自らの手で創り出してきた」と言った。

何も、世界を変えることまで考えることはない。しかし、自分が関わる未来を創り出すのは、ほかならぬ「あなた自身」なのだ。

今ある目の前の仕事を頑張るのは当然だ。しかし、未来を見ようとしないまま、考えないまま、今ある仕事や事業にしがみつこうとするのは賢い行動とはいえない。

今の仕事がなくなると思うと恐怖心が湧いてくるかもしれないが、それは避けがたい現実だ。その一方で、未来は意外と明るく楽しい。

さて、この本の目的は、こうした未来を先取りして、未来を創り出す方法論を示すことにある。

まだ進化の途上にある方法論かもしれないが、さまざまな業種のトップ企業との実践を通じて、ようやく公開できるレベルに達したと思う。

あなたも未来に参加する一員として、自分たちの未来を創り出していこう。そして出現するSFの世界に合わせて、現在の事業を転換し、未来の事業を創り出していこう。

ドラッカーはこうも言っている。「人は1年でできることを過大評価しすぎる一方で、10年でできることを過小評価しすぎる」

そのとおりだと思う。１年２年で焦ることはない。あなたも、10年後、20年後、さらに30年後には、まったく新しい未来を創り出すことができるのだ。

そのために、本書で示す方法論を、最大限に活用していただきたい。

2022年10月　　河瀬 誠

本書の読み方

未来を描き、創り出すまでをコーチする

この本は、読者であるあなた自身が、自分の会社や所属する組織の未来を描き、関係者を巻き込んで未来を創り出すまでをガイドする。

読者である“あなた”は、30代～40代を想定しているが、20代でも十分使える内容だし、経験豊富な50代以上にもぜひ読んでいただきたい。またこの本は、営利企業だけでなく自治体やNPO団体でも使える。

とくに、「今の仕事を続けていて大丈夫だろうか」という不安感を持つ方、また「今のままの会社では未来がない」という閉塞感を感じる方には、ぜひ読んでほしい。そして、自分自身の明るい未来を創り出してほしい。

本書の登場人物

本書では２人の人物が登場する。伊藤さんと坪川さんだ。

２人は、関西の海沿いにある人口10万人の自然豊かな町、伊州市（仮名）で育った県立伊州高校の同級生だ。

伊藤さんは現在、父親が経営する地元の中堅スーパーマーケット「伊州屋」の社長室長として経営の一端を担っている。坪川さんは、技術力で定評のある計測機器メーカー「ツボタ」の研究員として新規事業に携わっている。

この２人は、異業種交流形式で開催される「未来創造プログラム」に、たまたま同時に参加することとなり再会した。

本書では、この「未来創造プログラム」の中で、２人がどんな検討を進めたのかを追体験いただく。あなた自身も、このプログラムに出席したつもりになって、自分なら自分の会社や組織の未来をどう創り出すかを考え

ながら読んでほしい。

登場人物1：伊藤さん@伊州屋

伊藤さんは、伊州市に住む、優しくて人づき合いのよい32歳、3歳の息子のパパだ。

伊藤さんは地元の大学を卒業後、都内の食品関係の専門商社に勤務し、アジアを中心に食品の輸出入業務に携わった。結婚を機に28歳で地元に戻り、父親の会社で仕事を始めた。

伊州屋は、地元資本の中堅食品スーパーだ。伊藤さんの祖父が1950年に国鉄伊州駅前で創業し、今では地元に10店舗を構える。売上は約100億円、従業員は180名だ。伊藤さんの祖父は市会議員を務め、伊州屋も伊州市の発展とともに成長してきた。

しかし伊藤さんは、「今後さらにネット通販やフードデリバリーが普及すると、今のようなスーパーマーケットの経営は成り立たないのではないか」と強い危機感を持っている。また、地元・伊州を愛する伊藤さんは、「衰退する地域に活気を取り戻したいと」考えている。

登場人物2：坪川さん@ツボタ

坪川さんは、東京で１人暮らしの理系女子、大人しいが芯の強い31歳だ。

大学院を卒業後、米国でポストドクターとして生体センサーの研究をした後、ツボタに就職した。

ツボタは東京の日本橋に本社のある創業40年の中堅の計測機器メーカーだ。従業員800名ほどで年商は約400億円、利益率も高い。20年前に新規事業として始めた医療用センサー部門が成長を牽引しているが、坪田社長はさらに新しい分野での成長を考えたいと思っている。

「未来創造プログラム」の内容

伊藤さんと坪川さんが参加する「未来創造プログラム」を紹介しよう。

このプログラムは、全部で12回、平日の午後に開催される。講義や検討会の回はオンラインで行い、発表の回は東京の品川駅近くの会議室に参加者がリアルに集まる形で進めていく。

本書は、この「未来創造プログラム」に沿った形で構成している。

ではこれから、この2人が、このプログラムを通じていかに未来を創り出していくのかを追体験していこう。

回数	テーマ	プログラムの内容	本書との対応
第1回：講義	未来創造の方法	未来創造のアプローチを解説する	第1章
第2回：検討会	DISCOVER 未来予測をインプットする	未来創造の前提となる未来予測についてインプットする	第2章
第3回：検討会 第4回：検討会 第5回：発表	STEP1：DREAM 未来を妄想する	テーマを設定し、約2か月で調査を進め未来を自分ごととして「妄想」する	第3章
第6回：検討会 第7回：検討会 第8回：発表	STEP2：DESIGN 未来を構想する	パーパスを掲げ、約3か月の検討で「妄想」を具体的な「構想」にしていく	第4章
第9回：検討会 第10回：検討会 第11回：検討会 第12回：発表	STEP3：DRIVE 未来を実装する	約半年の検討で構想から自社のビジョンを描き、その実現方法を考え、実践を進める	第5章
(第10回検討会の中で講義する)	未来創造する組織	未来創造する組織と人材についてインプットする	第6章

※このプログラムは未来創造の標準的なスタイルをなぞるが、現実の実施についてはニーズに応じて、参加人数や回数や内容を柔軟に設定できる。

Contents

30年後のビジネスを「妄想・構想・実装」する
未来創造戦略ワークブック

はじめに

第**1**章 

未来を創り出す方法

第2章

DISCOVER 未来予測をインプットする

第3章

STEP1:DREAM 未来を妄想する

第4章
STEP2：DESIGN 未来を構想する

第5章

STEP3：DRIVE 未来を実装する

第6章

未来創造を進める組織と人材

カバーデザイン ≫ 西垂水敦（krran）
カバー・本文イラスト ≫ 越井隆
本文デザイン・DTP ≫ T-Borne（関根康弘）

第1章

未来を創り出す方法

環境変化に対応して未来を創り出してこそ、会社や組織は存続し、成長することができる。この章では、未来を創り出すための「未来予測・未来妄想・未来構想・未来実装」の検討の進め方の全体像を説明する。

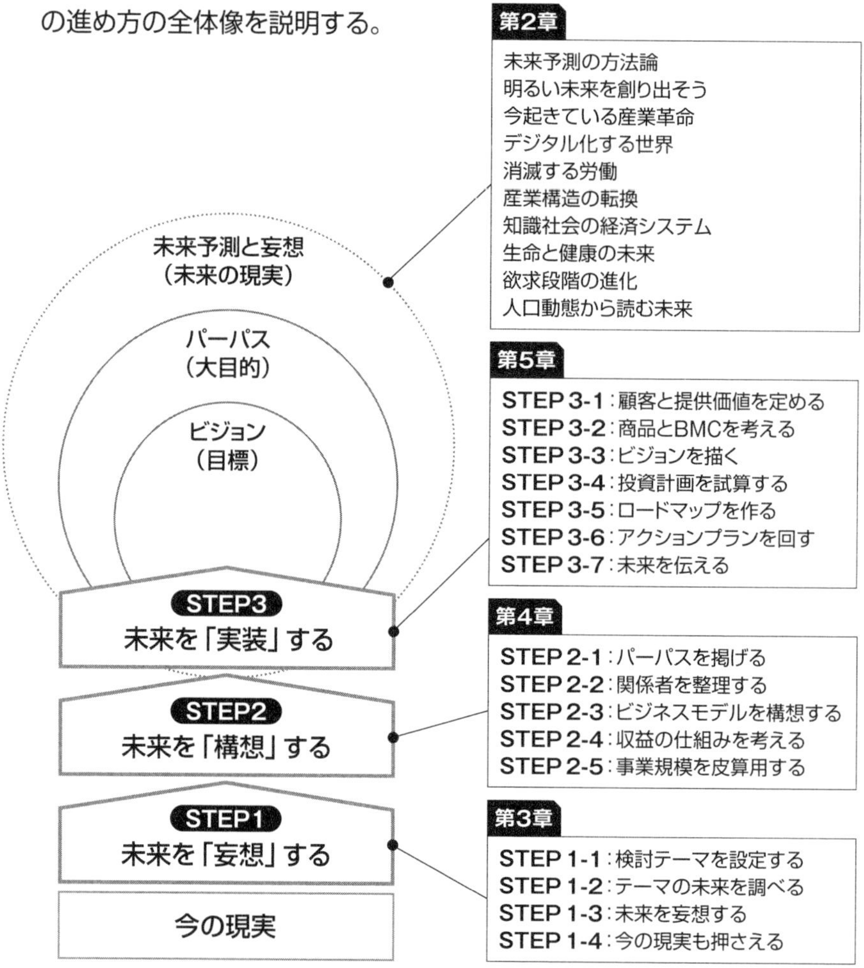

第1章で学んだこと

伊藤さんのプログラムを終えた感想

今日は「未来創造プログラム」の初回だった。オンラインでの講義だったが、先生の話はとても刺激的で、さすが人気のあるプログラムだと思った。

会社は「右手の本業」と「左手の未来創造」の両方を使って、存続し成長していくという話だった。たしかに、伊州屋も祖父が創業したときは駅前の小さな八百屋だったそうだ。高度成長の波に乗って伊州屋を大きくした祖父、またバブルの時代に当時の最新情報機器を導入して経営を近代化した父親をあらためて尊敬した。自分はどこまで伊州屋を変えることができるだろう。

今回は未来を創り出す方法論を教えてもらったけれど、最初思っていたより気軽に取り組めるものかもしれない。これからほぼ1年の長丁場、頑張って進めよう。

あと、今回の受講者の画面に見えたのは高校のときに同級生だった坪川さんかもしれないな。あとで先生からメッセージを送ってもらおう。

未来創造で組織は存続する

右手の「深化」とともに、左手で「探索」を続けろ

数年前に話題になった『両利きの経営』（C.A.オライリー、東洋経済新報社、2019年）という本がある。

会社という組織は、現在の仕事（本業）をより深めていく「深化」という（いわば）「**右手**」と、新しいことにチャレンジし、未来を創造していく「探索」という（いわば）「**左手**」の両方が必要だという話だ。

利益を生み出すのは、本業である右手のほうだ。左手の探索は利益を生

《組織の存続には「右手」と「左手」の両方が必要》

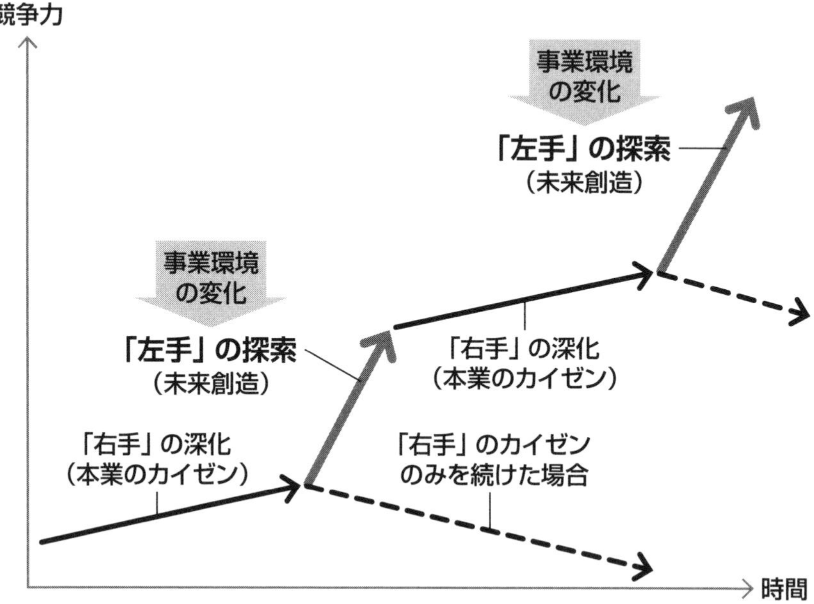

まないどころか、ほとんどが赤字だ。では、なぜ探索が必要かというと、経営環境が変わるからだ。

経営環境が同じままなら、右手だけを使って本業の深化（カイゼン）を続けていればよい。しかし経営環境が変わると、しだいに本業だけでは立ちゆかなくなる。だからこそ、左手の探索が必要なのだ。

仮に右手の本業で稼げなくなったとしても、左手で未来の事業の可能性を探索し新たな事業に転換することで、会社は存在し続け、また発展することができる。

あなたの会社も「未来創造」を続け生存してきた

あなたの会社や組織のことを考えてみよう。

今の会社は、10年前、20年前と同じ事業をしているだろうか？

もしあなたの勤続年数がそんなに長くないなら、昔からいる社員に聞いてみよう。もしあなたの会社が若い会社だとしたら、あなたの会社こそが左手の探索の成果だ。

あなたの会社も、この10年ほどの間で新しい製品やサービスを展開していたり、また販売地域や生産拠点が変わっていたり、以前の稼ぎ頭の主力商品が今では競争力のない“負け犬商品”になっていたりするはずだ。

仮にあなた自身の担当業務は変わらなくても、会社全体を見ると以前の事業内容と現在の事業内容は相当変化しているのではなかろうか。

また、もしも昔と同じ製品やサービスの事業を続けていたとしたら、あなたの会社は現在なくなっている可能性が高いことが想像できるだろう。

このようにあなたの会社も、右手の本業で利益を得つつも、左手で新しい事業を探索し続けてきたからこそ、存続してきたのだ。

事業環境の変化に合わせて組織が生き残るためには、左手で新しい事業を創り出すことが必要だ。あなたの会社や組織も、本書を活用して「左手の未来創造」をしていこう。

未来創造は本業と正反対

未来創造の「左手」は本業の「右手」と真逆

16ページで説明した両利きの経営とは、いわば「**右手で本業**」をキッチリ回しながら、「**左手で未来を創り出す**」というものだ。

そして会社という組織は「右利き」だ。ところが未来創造は、右手にはできない「左手の仕事」だ。

右手と左手は、一見同じに見えるが、左右対称という「真逆」の存在だ。右手と左手は重ならない。右手が簡単にできることも、左手には難しい。そして利き手でない左手は、ずっと使わずに萎えていることも多い。だからといって、右手で（左手の仕事である）未来創造をしようとしても、うまくいかない。

未来創造という左手の仕事は、本業の右手の仕事とまったく違う。むしろ左手と右手は正反対のものだ（**下表**参照）。まずはこの事実を理解しよう。

《「右手」と「左手」の違い》

右手（本業）		左手（未来創造）
職人、官僚、軍人	**人物イメージ**	デザイナー、芸術家
利益を生むこと、キッチリ仕事すること、真面目	**価値・動機**	面白いこと、新しいこと、創造性、遊び
組織（ルール・プロセス）が大事	**組織と人**	人（個性・想い）が大事
計画主義・数値管理	**仕事の進め方**	ビジョン思考・仮説思考
単年度	**時間軸**	長期
失敗してはいけない	**リスクに関して**	失敗から学ぶ

未来創造の仕事は答えが見つかるまで失敗の連続

右手の本業には、利益を出すことが求められる。日々、売上目標や利益目標に追いかけられているといってよい。仕事の進め方もだいたい決まっていて、失敗すると怒られる。

それに対して、左手の未来創造とは「新しい事業をどう創り出せばよいか」という問いに対する答えを出す仕事だ。

答えが導き出されるまでは、利益確保どころか「どうすれば売上を立てられるのか」、いやそれ以前の「何を売ればよいのか」さえ見えない。新しい施策も試行錯誤の連続だ。そのほとんどが失敗すると言ってよい。そんな失敗を繰り返して、ようやく「こうすればよい」という方法が見えたら、その時点で仕事はほぼ終わりだ。

つまり、左手の未来創造の仕事とは、答えを見つけて終了するまで、ずっと失敗の連続だといえる。

右手が左手の最大の敵になる

右手と左手の仕事は違う。

しかし右手から見ると、左手は遊んでいるように見える。「あいつらはできもしないことを言って、外に出かけて遊んでいるだけじゃないか」とか、「俺たちが汗水たらして稼いだお金を、あいつらは勝手に使っている」ということで、「許せない！」となるわけだ。

そして会社は「右利き」だ。稼いでいる本業のほうが立場は強く、どうしても左手の立場は弱い。

未来創造の最大の敵は外部ではない。会社の本業である右手が、一番の敵となることが多いのだ。

まずはこの事実を理解したうえで、左手の事業創造に臨んでいこう。

未来からバックキャストする

未来の予測と妄想のうえに自分たちの未来を創り出す

未来を創り出すためにはまず、未来を予測してみよう。

未来創造で必要なのは、分析的・客観的な「予測」だけではない。未来への「妄想」も必要だ。「妄想」とは、フワフワと他人ごと的な「空想」でもない。個人の想いや感情、また個人的な経験を含んだ、主観的な自分ごととしての「妄想」だ。

そうした妄想をしたうえで、「未来の顧客と事業環境はこう変わる、こんな競合も登場するはずだ、だから自分たちはこう動く」といった新しい行動を始めよう。

ところが未来を妄想せずに、今ばかり見ていると、どうしても「今やっている事業を頑張ります」という行動を選んでしまう。そして5年もたつと、顧客も事業環境も競合も変わるのに、自分たちは昔と同じ仕事を続けていて、どんどん時代の変化に取り残されていく。

そんなことにならないように、まずは未測を妄想しよう。そしてそのうえで未来を創り出す行動をとっていこう。

バックキャストで未来を読む

未来の方向を長期的に予測することは、そんなに難しいものではない。

たとえば10年後、あなたは10歳年をとっている。日本の高齢化率は31%だ。新車のほとんどは電気自動車（EV）となり、エネルギーは無料近くまで安くなる。また、自動翻訳は日本語・英語・中国語をほぼ自然に同時音声通訳している。インドは著しく発展しているはずだ。

未来創造に必要なのは、細かな個別事象を当てることではない。未来の方向性を予測し、それに沿って未来を先取りすればよい。

このようにSF的に「どうせ来るであろう未来」を想定するアプローチを「**バックキャスト**」という。それに対して、過去から積み上げて過去の延長線上の未来を考える方法を「フォアキャスト」という。

「フォアキャスト」で考える未来には過去・現在という足枷がある。自分の会社や組織の未来は、バックキャストを通じて創り出していこう。

「妄想」できない会社と組織は消滅する

未来には今では考えられないような「妄想」が実現していく一方で、会社は過去から培われた「常識」で動く組織だ。そして、その未来の「妄想」を「常識的にはそんなことは考えられない」と無視した結果、消滅した事

《 バックキャストでSF的に未来を妄想する 》

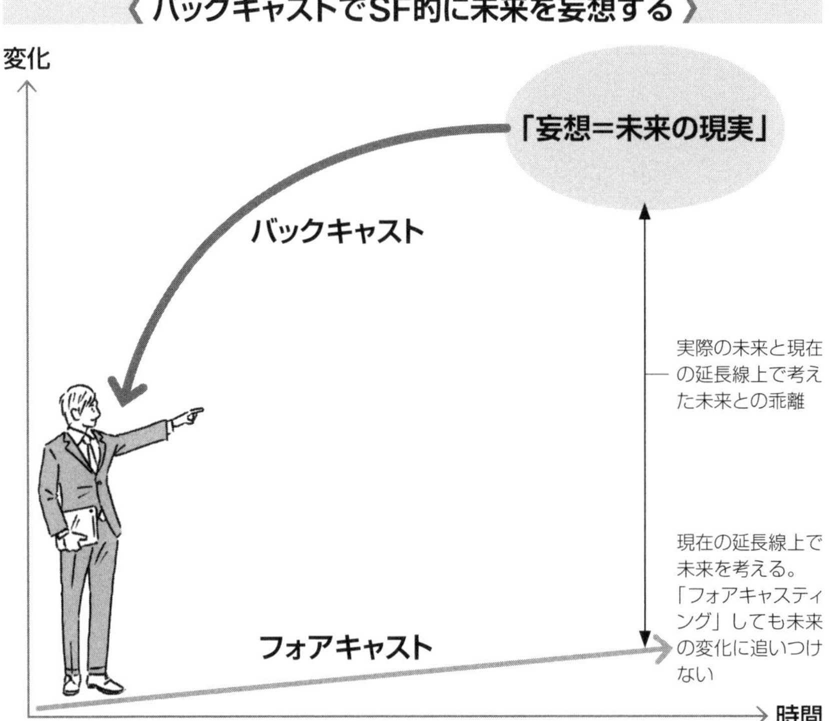

業や会社もたくさんある。

たとえば、イーストマン・コダックという超優良企業があった。コダックは、1912年に35mmフィルムの特許を取得し、急成長する写真フィルム産業のリーダーとなり、世界で最も利益率の高い、またイノベーティブな会社として尊敬されてきた。世界最初のデジカメも、1975年にコダックが開発したものだ。

しかし、コダックはデジカメを「この技術は使い物にならない、写真フィルムの敵ではない」と判断した。たしかに当時の最新技術で作ったデジカメは、複雑で巨大で高価で、かつ解像度も低かったのだ。その試作品に対する評価は正当だろう。しかし、コダック社はそこから「妄想」をしなかった。デジカメをムーアの法則（54ページ参照）に従って指数関数的に進化するものではなく、未来にも「ずっと使い物にならない」ものだと考えたのだ。

そして2000年頃から急速に進化したデジカメは、写真フィルムの市場を奪っていき、特許取得の100年後の2012年に、コダック社は倒産した。

優秀な人材を揃え、世界から尊敬される会社でも「妄想」が足りないと衰退してしまう。あなたの会社や組織では、思い切り「妄想」して、未来を創り出していこう。

未来を「仮説思考」で考える

仮説をたくさん作って直していく

「**仮説**」という言葉は聞いたことがあるだろう。

「こういう製品を作れないか？」「この会社と組めるのでは？」「こういうサービスをアピールしてみよう」などという、アイデアのことだ。未来はこうした「仮説」をたくさん考えることから始まる。

こうした仮説は、ほとんどが外れる。これは仕方ない。良いアイデアなどなかなか出てこない。それに、いくら頭で考えても、現場の話を聞くまで、また市場で売ってみるまで、正解は誰にもわからない。

しかし、間違っていたら直せばよいのだ。仮説をどんどん確かめて、直して、仮説の確度を高めていこう。

これを「**仮説検証**」という。この仮説検証を繰り返し、精度を高めた仮説こそが、あなたが創り出す未来なのだ。

「正解思考」から「仮説思考」へ

こう書くと違和感を感じる方もいると思う。「仮説などアヤフヤなものを考えるまでもない。しっかり調べてよく考えたら、正しい結論が導き出せるはずだ」というわけだ。こういう思考法を「正解思考」という。

しかし、現実はそうはいかない。新しく創り出す未来について、「確実にこうなる」と言える人はいない。誰もやったことがないことなので、いくら調査をしても情報がないことも多い。未来とは「やってみないとわからない」世界なのだ。調査をいくらしても正解はわからない。

だからこそ、仮説をたくさん考えてみよう。そして、考えた仮説が有効かどうかをデータやヒアリングや実験で確かめて（検証して）いき、スジの良い仮説を採用するのだ。こうした思考法を「**仮説思考**」という。

右手の本業ならば、既知の情報や知見もたくさんあるので、正解思考も有効かもしれない。しかし、左手の事業創造の場合、このように仮説検証を進めていくほうが、ずっと効率的だ。

事実、成功している会社の多くはこの仮説思考を採用して成長を続けている。あなたの会社も仮説思考を活用して、未来を創り出していこう。

ダメ元で仮説を考える

「仮説を考えてください」と言うと、尻込みする人もいるかもしれない。「良い仮説が思い浮かびません」というわけだ。また、「確実なことは言えないので、仮説は出ません」と、根本的に間違えたことを言う人も多い。

しかし、「たかが仮説」だ。間違っていたらまた新しい仮説を考えればよい。そう開き直って、いろいろ考えてみよう。

経験的に言うと、100個くらい仮説を考えると、良さそうなものが10個くらい残る。しかし、検証すると合っているものは２つくらいだ。その残った仮説を膨らませてまた別の仮説を出していく。

これを最初から「正解を出そう」と意気込むと、なかなかアイデアは出てこない。ちょっと開き直って、頭のネジを少し緩めて、バカなことを含めていろいろ考えてみよう。その中から良さそうなアイデアだけ拾えばよいのだ。

こんな「仮説検証アプローチ」に気楽にトライして、新しい未来を創り出していこう。

《 未来創造には仮説思考が必要 》

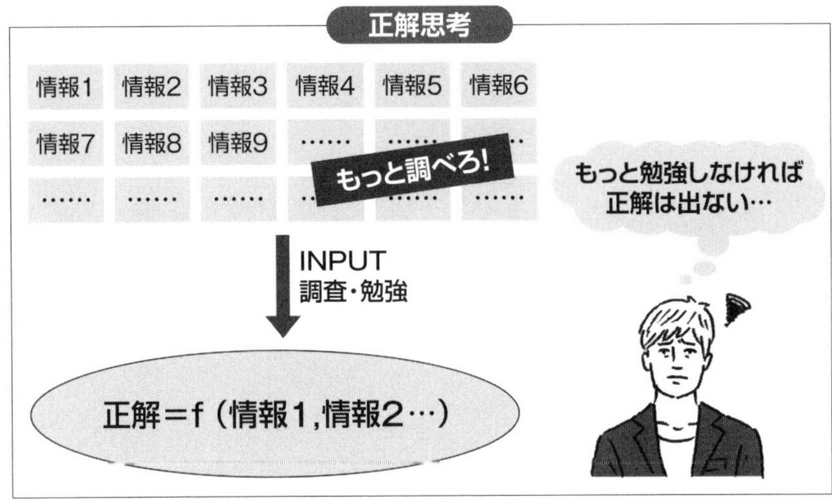

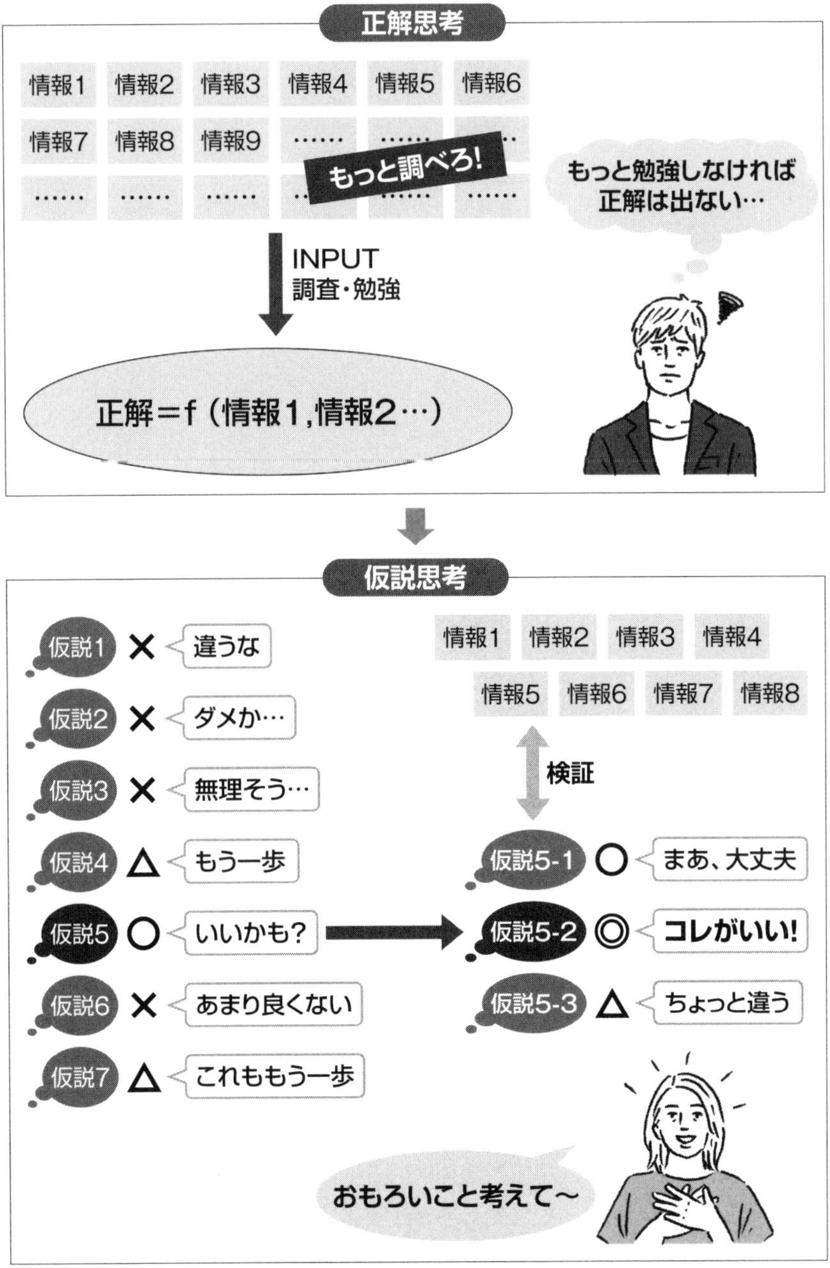

仮説思考

仮説1 ✕ 違うな
仮説2 ✕ ダメか…
仮説3 ✕ 無理そう…
仮説4 △ もう一歩
仮説5 ○ いいかも?
仮説6 ✕ あまり良くない
仮説7 △ これももう一歩

情報1 情報2 情報3 情報4
情報5 情報6 情報7 情報8
検証

仮説5-1 ○ まあ、大丈夫
仮説5-2 ◎ コレがいい!
仮説5-3 △ ちょっと違う

おもろいこと考えて〜

未来を「予測」し「妄想」する

「未来予測」に基づいて未来を「合理的に妄想」する

未来の事業は、当たり前だが、未来の世界の中に創り出すものだ。

どんな未来が来るかは正確にはわからないにせよ、今なら「妄想」でしかないことが、未来では実現している可能性が高い。「**未来の現実**」とは、今の「常識」から考えると「妄想」だといえる。

未来を創り出すためには、こうした「妄想」がスタートになる。

しかし、未来を妄想するとはいっても、独りよがりの荒唐無稽な未来を考えても誰も納得しない。それは妄想ではなく「妄言」でしかない。

妄想の前に、「未来はこうなるはず」という「**未来予測**」をインプットしよう。そうした未来予測にもとづいて、今は存在しない、しかし出現するはずの未来を、思い切りかつ「合理的に妄想」しよう。

未来予測の基本については、第２章でインプットする。

そのうえで、自分の業界や地域に関する未来予測の情報について、まずはインターネットで記事やデータを検索して、さまざまな書籍や調査レポートにあたってほしい。

しかし、そこで得た情報をまとめた調査報告書がほしいわけではない。自分がいない世界の未来を考えても仕方がない。ほしいのは、ある程度の妥当な分析や予測にもとづいたうえで、あなたの仕事や生活がどう変わるかという「あなた自身のストーリー」だ。未来を創り出すためには、自分や自分の会社の未来を、「自分ごと」として思い切り「妄想」することが出発点となる。

現在の枠を外して、かつ「具体的な未来」を妄想する

10年後・20年後の未来には、あなたの仕事内容も変わっているはずだ。あなたのいる会社や業界が残っているかも怪しいかもしれない。

せっかく未来を妄想するのだから、今の部門や仕事の枠に囚われずに、大きな視野で妄想してほしい。業界の枠も外して考えてみよう。

また、未来を妄想するときには、徹底的に具体化して考えよう。

たとえば、「ロボットの活用」という「ビッグワード」で思考を止めてはいけない。「ロボットを使ってどの製造プロセスを改革したいか」「未来にはロボットはどこまで進化しているのか」「その進化を前提とすると、製造プロセスはどう変化するか」「その未来の製造プロセスでこんな新しい製品を作ることはできないか」「その製品は、さらにこんな場面でも活用できないか」、というようにどんどん妄想を深めていこう。

もちろんこうした妄想がすべて当たるわけではない。しかし具体的に考えを深めていくことで、妄想はより広がり、そして現実的なものとなっていく。

新規事業より大きな未来を創ろう

未来創造に近い言葉に「新規事業」がある。

新規事業では、今ある不満や不具合の解決をテーマに、今ある技術を前提として、３年から５年後くらいでどこまで事業領域を広げられるかを考えることが多い。もちろんこれも価値ある検討だ。

それに対して、未来創造は、もっと広い領域で、長い時間軸で、高い視野から、大きく考えるものだ。10年後、20年後、30年後には自分の会社の事業領域も変わっているはずだし、未来を創り出すためには、今の部門や組織の枠を超えて、他の組織を巻き込む必要もあるはずだ。

未来創造の検討では、時間・空間的な視野を広げて、「未来にはここまでトライしたい！」という妄想を膨らませてみよう。

パーパスで未来を構想する

「パーパス」(大目的)が仲間を集める

未来を創り出すのは、1人ではできない仕事だ。今いる組織の力だけでも無理だろう。未来を創り出すには、会社を超えて協力してくれる「仲間」が必要だ。

未来を創り出す仲間を集めるものが「**パーパス**」だ。日本語なら「**大目的**」、または「人義」「志」といった言葉が相当する。

損得勘定では仲間は集まらない。最初から大きく儲かるような事業創造はあり得ないし、損が出たらそんな"仲間"はすぐに散り散りになってしまう。目先の損得勘定を超えて「こういう未来を作りたい」という大目的こそが、仲間を集める。また、この大目的に共感する仲間でないと、一緒に新しい事業を創り出せない。

新しい事業を創り出すには、まずパーパス(大目的)を掲げよう。

パーパスが不可能を可能にする

明確なパーパスは、不可能を可能とする力を秘めている。

史上最大のパーパス実現プロジェクトは米国の「アポロ計画」だと思う。1961年、当時のケネディ大統領は「10年以内に人類を月に送り届ける」という壮大なパーパスを宣言した。

しかし当時、この壮大なパーパスは実現不可能と思われていた。当時の米国にはせいぜい地上200kmに1人乗りの宇宙船を15分ほど打ち上げる技術力しかなかった。その2000倍、38万kmかなたの月に、宇宙飛行士3人を乗せて着陸し、月面活動を行い、9日後に地球に帰還させる。こうした計画を10年以内に実現させるなど、狂気の沙汰と思うのが普通だろう。

しかし、この壮大なパーパスが、アメリカ国民を動かした。

全米から最優秀な人材が続々と、NASA（米国航空宇宙局）に集まり、さまざまな企業や組織が新たな技術開発に協力した。そして当初は不可能とされた月面着陸を1969年に実現してしまったのだ。人類史上の奇跡を実現したのだ。

もしも、こうしたパーパスを誰も唱えなかったとすると、未だに人類は月に到達していないかもしれない。

アポロ計画のような壮大なパーパスを、まさに「**ムーンショット**」という。しかし、こうしたムーンショットを持ち出すまでもない。規模の大小はあれ、パーパスを共有することで、いままで想像していなかったことが実現することは、現実にたくさん起きている。

現在、世界で最も大きなパーパスを唱えているのはイーロン・マスク氏だろう。彼の「人類を存続させる」というパーパスこそが、電気自動車（テスラ）や宇宙開発（スペースXやスターリンク）という世界を変える事業を生み出す原動力だ。そうしたパーパスに共鳴する社員や投資家、そして購入者がいるからこそ、彼の会社は倒産寸前の危機を幾度となく乗り越えてきたのだといえる。

「大きなパーパス」を描こう

新しい未来を創り出すならば、最初から「大きなパーパス」を考えよう。

大きな未来でも小さな未来でも、創り出すために必要な経営資源（人・モノ・技術・金・時間）はたいして変わらない。構想規模が10倍になっても、必要な経営資源はせいぜい２倍という感覚だ。

それに大きなパーパスほど、参加者の共感を得やすい。せいぜい数社が儲かる話をするよりも、社会を大きく変える仕事のほうが、賛同を集めやすいものだ。まずはできる限り、大きなパーパスを考えよう。

ちなみにケネディは「月に行くのに理由はいらない」と言ったそうだ。そのくらい吹っ切れて、大きなパーパスを考えてみたい。

「未来社会の創造」と「社会課題の解決」を考える

未来の創造を考えるとき、出発点になるのは新たな技術などを活用した新しい「未来社会」の創造か、もしくは大きな「社会課題」の解決だ。

「SDGs」をご存じだろう。国連が2015年に提唱したSDGsは、17の目標について169のターゲットを掲げている。こうした社会課題の解決が、あなたが取り組むべき未来の仕事かもしれない。もちろんSDGsがすべてではない。今後も新たな社会課題が生まれるだろうし、業界内や地域の課題もあるだろう。

１つの会社の枠を超えて、未来社会の創造と社会課題の解決を志すことで、大きな未来を妄想することができる。そして未来の社会課題の解決にあたっては、これから出現する未来の技術を活用することができる。

パーパスを実現する「ビジネスモデル」を構想する

パーパスに共感する仲間が集まったとしても、いつまでもパーパスばかりを語り合っていては仕方がない。パーパスの実現に向けて動き始めることが必要だ。

そのためには「**ビジネスモデル**」、つまりどんな関係者がお互いどんな役割を分担しどう貢献するか、そしてどんな対価・収益を期待するか、という仕組みの全体像が必要だ。この全体像を参加者がお互いに納得することで、はじめて物事が動き始める。

たとえばアポロ計画なら、全体を統括するNASA、ロケット本体を製造する会社、軌道計算用のコンピュータを開発する会社、月面探査機の設計者、NASAの職員の給与計算や食堂運営をするサポートスタッフ、彼らが協力し、全体像の中で各々の役割を果たしたからこそ、アポロ計画は成功したのだ。

ビジョンで組織を動かす

自社を動かすために自社のビジョンを描く

パーパスを目指すために関係者の役割分担を決めるとともに、自分たちの組織を動かす必要がある。そのために使うツールが「**ビジョン**」だ。

パーパスとビジョンは、どちらも目指すところを示す言葉だが、パーパスがどんな社会を目指すのかという「大目的」を語るのに対して、ビジョンは自社がどうなりたいかという「**目標**」を語るものだ。

つまり、仲間を募る大目的がパーパスであり。同じパーパスのもと集まった仲間や組織が、自分自身のゴールとして目指す目標がビジョンだ。

《パーパスで仲間を集めてビジョンで組織を動かす》

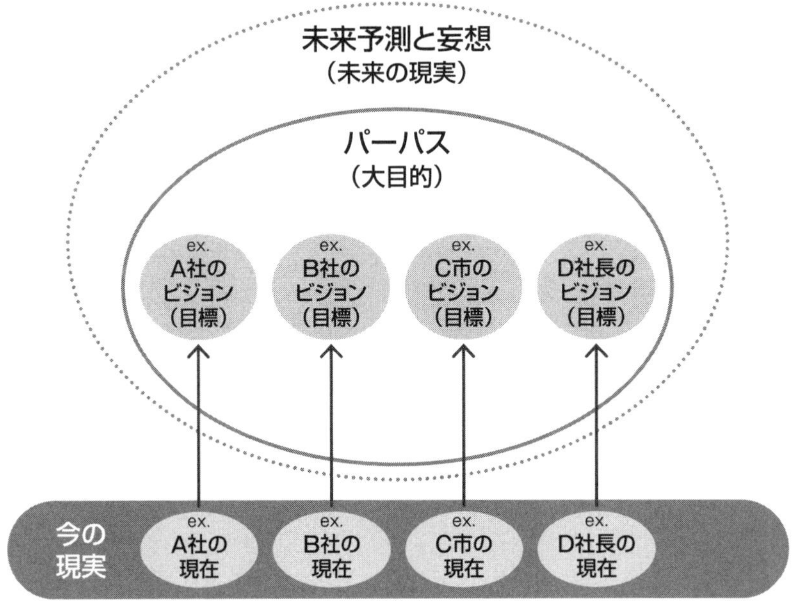

同じパーパスのもと仲間とビジョンを擦り合わせる

自分の組織を動かすためには、パーパスという大目的に共感したうえで、自分たちが目指す目標であるビジョンを明確にする必要がある。

たとえばアポロ計画の場合、「10年以内に人類を月に送り届ける」という1つのパーパスのもと、ケネディ大統領は「ソ連（当時）より宇宙開発でリードする」ことを目標に、大学の研究者は「次の火星探索につなげる」ことを目標に、半導体企業は「新たなコンピュータの開発」を目標に、地元の議員は「次の選挙での当選」を目標としていたかもしれない。

パーパスは同じでも、個々の人や組織が描くビジョンという目標は異なる。そして、この全体の「パーパスという大目的」と個々の「ビジョンという目標」が擦り合わさり、噛み合ってこそ、はじめて物事が動き出す。

未来のビジョンに焦点を当てて今を動かす

研修などで「ビジョンを描いたことがある」という方も多いはずだ。

しかし研修が終わった途端に「今日は夢のあるビジョンを描いた。では明日から、現実の話に戻ろう」という発言をする方も少なくない。

これではビジョンを描く意味はまったくない。ビジョンとは「まさに今、どう動くべきか」に繋げるべきものだからだ。

ビジョンを描いたら、そのビジョンに「焦点」を当てて考えよう。これを「**ビジョンフォーカス**」という。

もちろん過去から学び、現在の課題を知ることも必要だ。しかし現在にばかり焦点を当ててしまう「課題フォーカス」に陥ってしまうと、いつまでたってもビジョンに到達できない。

「焦点」を当てるべきなのは未来のビジョンだ。どう行動すれば、ビジョンに辿り着くのか。必要な資源（人・モノ・技術・金・時間）は何か。今どんな行動を起こさなければならないかを、ビジョンに焦点を当てて考えよう。

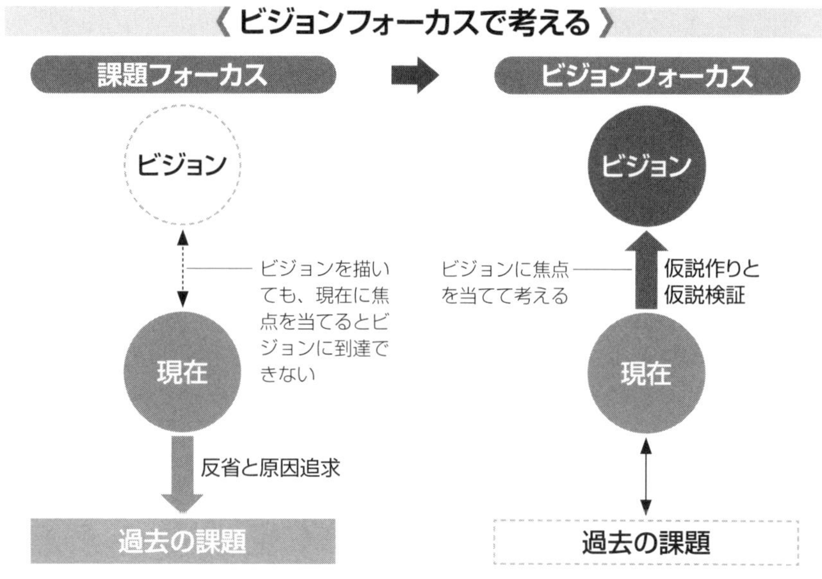

パーパスからビジョンを描き、行動する

ここで、パーパスからビジョンを描き、行動に結びつけるまでを、具体的な例でイメージしてみよう。ここではわかりやすく、あなた自身がパーパスとして「登山の達成感を得る」ことを掲げたとしよう。

まずは大きなビジョンを考えてみる

「登山の達成感を得る」というパーパスを掲げたら、まずは大きなビジョンを描いてみよう。アポロ計画とは言わないが、最初は「ちょっと無理そう」くらいのビジョンを描いてみるとよい。

たとえば、世界最高峰・エベレストへの登頂をビジョンとして描いてみよう。そしてそのビジョン達成には何が必要かを具体的に考えてみよう。

しかし調べてみると、エベレストの登頂には、高度な雪山登山の技術が必要だ。シェルパを雇う必要もあり、費用も1000万円近くかかる。体力作りのトレーニングにも数年必要だろうし、登山自体にも1か月くらいの有給休暇を取る必要もあるとわかる。

今の現実を直視すると、「エベレストに登る」というビジョンはとても実現できそうもない。そうならば、そのビジョンは潔く諦めればよい。

この方向転換は、ビジョン実現の方法を具体的に考えたからこそできることだ。具体化しないと、いつまでも「俺はいつかエベレストに登る」と、実現できない「妄言」を延々と言い続けてしまう。そんな実現できない妄言は、ビジョンとはまったくの別物だ。

ビジョンを変えてみる

エベレスト登頂を諦めたら、次はたとえば「富士山登頂」を新たなビジョンに設定してみよう。

調べてみると、エベレストに比べれば富士山登山は圧倒的に簡単だ。多少のトレーニングは必要だが、次の夏の週末にでも登山はできそうだ。そして、富士山頂で日の出を拝むことができれば「登山の満足感を得る」というパーパスを十分に達成できるだろう。

このように、ビジョンは今の現実を踏まえつつ、しかし現在の延長線上にはない、チャレンジも必要となる目標を設定するのだ。

ビジョンは行動と結びついてこそ価値がある

この「富士山登頂」は一見陳腐なビジョンに思えるかもしれない。

しかし「富士山登頂」というビジョンを持たない限り、あなたは富士山に登るという行動は起こさないはずだ。ビジョンを持たなければ富士山に向かうことはない。

ビジョンを設定することで、はじめてその実現に向けた行動が起きる。そして行動してこそ、あなたのパーパスが達成できるのだ。

走りながら状況に応じてビジョンを変更することも

ビジョン（目標）を目指して走ることが基本とはいえ、目指すビジョンを状況により若干変更することも、現実ではままあることだ。

たとえば、たまたま話した友人が一緒に立山に登る人を募っていたなら、あなたの目標を富士山登山から立山登山に変更してもよいだろう。

また、富士山や立山への登頂というビジョンを達成したら、次は同じパーパスのもと、新たなビジョンを目指すのが基本だ。たとえば、日本百名山制覇なり立山連峰縦走なりを次のビジョンとするわけだ。

しかし、ビジョンを達成して新しい世界が見えると、パーパスが少し変わることもある。富士山登頂を果たしたら、自分が求めていたものは、登山の達成感よりも仲間と一緒に山登りする楽しさだったとわかるかもしれない。それならば「仲間と山を楽しむ」ことを新たなパーパスとして、次は仲間と近場の山でキャンプすることを新しいビジョンとして描けばよい。

このような臨機応変な考え方を、経営学では「エフェクチュエーション」という。現実に即した考え方だと思う。

ただしパーパスやビジョンを変更する場合、組織のメンバーや外部の関係者に混乱や不安を招かないよう、パーパスやビジョンの変更をきちんと伝え、納得してもらう必要がある。

「計画主義」から「ビジョン・フォーカス」へ

「ビジョンを描いて行動する」と言うと、「中期経営計画（中計）でビジョンを作っているので大丈夫です」という答えが返ってくることも多い。

ところがこれが相当外していることが多い。中計の期間はせいぜい3年ほどだ。そうなると大胆な未来を描くよりも、たとえば、「毎年売上を10%伸ばす」という現状の延長線上にあるフォアキャストの「積み上げ式」の計画、つまり「右手」の計画となりがちだ。

たしかに3年の間ならば、現状のカイゼンで何とか頑張れるかもしれない。しかし、現状の延長線上にある「右手」の中計を3回も繰り返しているうちに、現実の世界のほうがどんどん先に進んでしまう。以前は輝いていた会社も、昔の事業を繰り返すだけの落ちぶれた存在になりかねない。

中計策定に代表される「**計画主義**」は古典的なマネジメントの典型だ。たしかに環境が安定している場合は、とても役立つ手法だ。

しかし３年で環境が大きく変わる世界では、ガッチリと中計を策定するマネジメントは会社を次第にダメにする。

実際に米国では、1980年代に米国の大企業を弱体化させたのはこうした「計画主義」だと総括する経営学者も多い。

30年ほど前までは世界の最先端を走っていた日本企業が、現在見る影もないのは、2000年頃から本格的に導入されはじめたこの計画主義の弊害も大きいはずだ。

ではどうすべきか。「**ビジョン・フォーカス**」に転換するのだ。

掲げたビジョンに「焦点」を当て、その実現を目指した行動を繰り返していくのだ。現実がどんどん変化するなか、３年前から行動を計画するのは不可能だ。ビジョンを目指して、行動を短期間で臨機応変に変えていくのだ。

アマゾンのジェフ・ベゾス会長はこう言っている。「ビジョンは明確に定め、頑固に守る。しかし、行動は柔軟に変えていく」。まさにこうした行動を取る組織が、未来を創り出していくのだ。

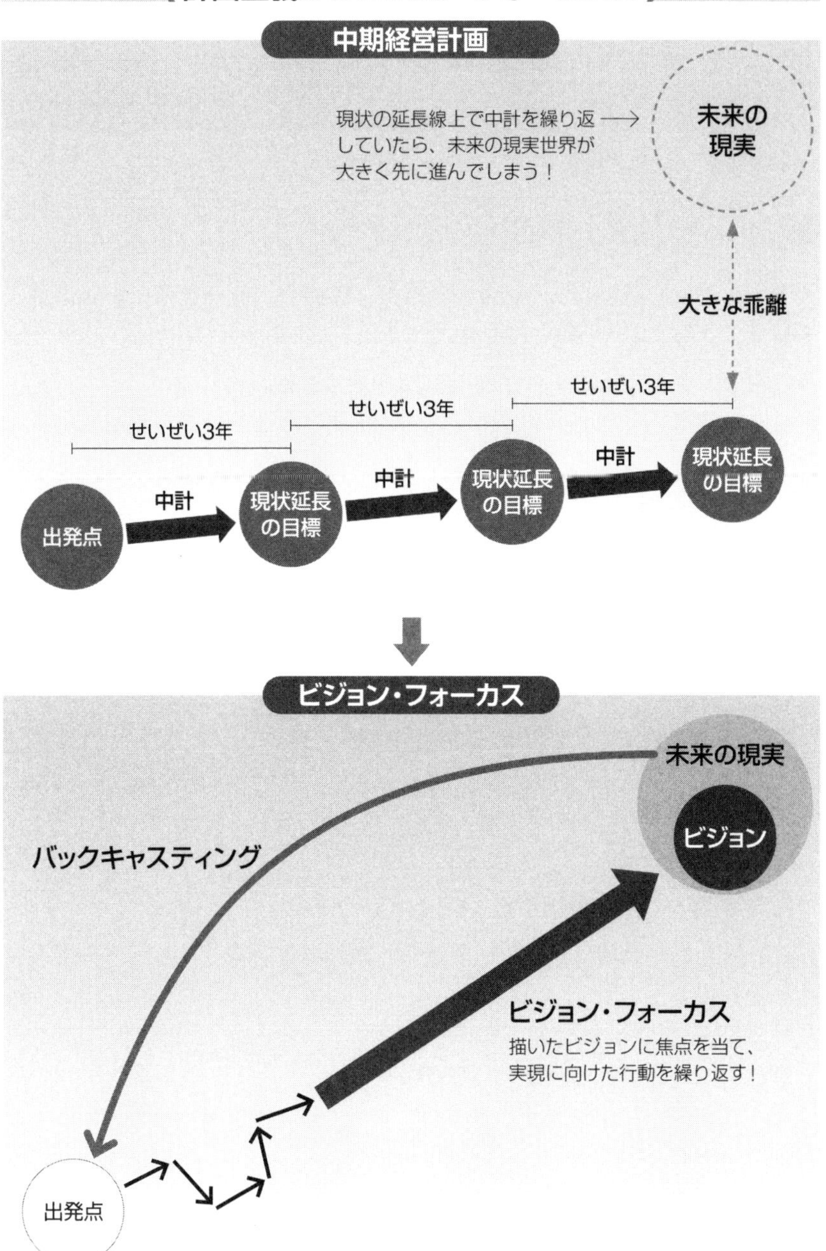
《計画主義からビジョン・フォーカスに》
中期経営計画
現状の延長線上で中計を繰り返していたら、未来の現実世界が大きく先に進んでしまう！
未来の現実
大きな乖離
せいぜい3年
せいぜい3年
せいぜい3年
出発点
中計
現状延長の目標
中計
現状延長の目標
中計
現状延長の目標
ビジョン・フォーカス
未来の現実
ビジョン
バックキャスティング
ビジョン・フォーカス
描いたビジョンに焦点を当て、実現に向けた行動を繰り返す！
出発点

未来創造プログラムの構成

未来を「妄想・構想・実装」する

未来を創り出すには、「未来を妄想し、構想し、実装する」という３つのステップが必要だ。またその前提として、未来がどうなるかという未来予測のインプットも必要だ。また組織を動かす知恵も必要だ。

本書では、以下の順序で、それぞれのステップについて１章ずつ使って未来を創り出す方法を伝えたい。

未来予測をインプットする（DISCOVER）

未来創造の議論に入る前に、未来予測の基礎知識をインプットして、議論の前提となるベースを揃えておこう。

STEP1：未来を妄想する（DREAM）

妄想こそが未来を創り出す。まずは思い切り未来を「妄想」してみよう。

STEP2：未来を構想する（DESIGN）

目指すパーパス（大目的）を語り、関係者を動かすビジネスモデルを構想しよう。

STEP3：未来を実装する（DRIVE）

目指すビジョン（目標）を描き、未来に向けた一歩を踏み出そう。

未来創造を進める組織と人材

未来創造を進める組織を設計し、組織を動かす人材を育てよう。

《 未来創造プログラムの全体像 》

未来予測のインプット

未来予測の方法論
明るい未来を創り出そう
今、起きている産業革命
デジタル化する世界
消滅する労働
産業構造の転換
知識社会の経済システム
生命と健康の未来
欲求段階の進化
人口動態から読む未来

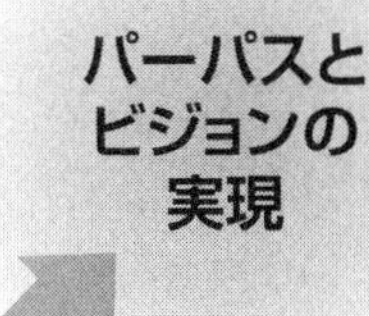

STEP 1 未来妄想

STEP 1-1
検討テーマを設定する
STEP 1-2
テーマの未来を調べる
STEP 1-3
未来を妄想する
STEP 1-4
今の現実も押さえる

STEP 2 未来構想

STEP 2-1
パーパスを掲げる
STEP 2-2
関係者を整理する
STEP 2-3
ビジネスモデルを構想する
STEP 2-4
収益の仕組みを考える
STEP 2-5
事業規模を皮算用する

STEP 3 未来実装

STEP 3-1
顧客と提供価値を定める
STEP 3-2
商品とBMCを考える
STEP 3-3
ビジョンを描く
STEP 3-4
投資計画を試算する
STEP 3-5
ロードマップを作る
STEP 3-6
アクションプランを回す
STEP 3-7
未来を伝える

未来予測に基づき、甘くて緩い未来を妄想する

パーパスを掲げ、ビジネスモデルを構想する

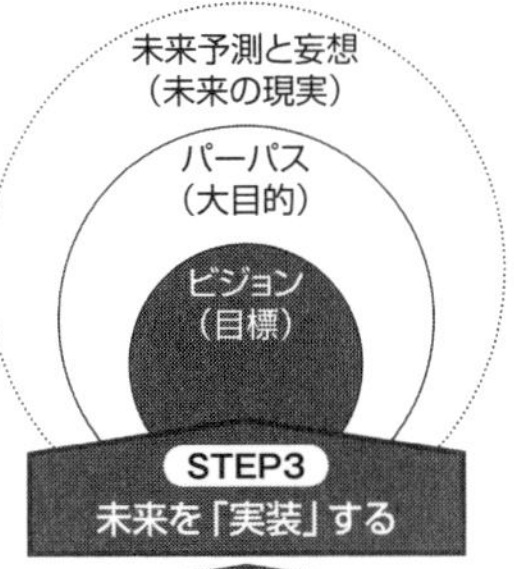

ビジョンを描き、手堅く未来を実装する

この DISCOVER・DREAM・DESIGN・DRIVEの「４Dアプローチ」は、未来指向で考え組織の力を最大限に発揮する「AI手法」（Appreciative Inquiry）の方法論から拝借した。

ぜひあなたの会社や組織でも、この未来創造のステップを活用して、未来を創り出していってほしい。

「着眼大局・着手小局」 甘い妄想から手堅い実装へ

STEP1の未来妄想では、客観的で質の高い未来予測をインプットしたうえで、テーマに直接関連しなくても、できるかぎり幅広く、いろいろなことを考えてみよう。この段階では、現実に縛られることはない。大きな視点で考えてみよう。妄想は「**着眼大局**」、甘い妄想でもよいのだ。思いきり発散して妄想を広げよう。

STEP2の未来構想では、STEP1で広がった妄想からパーパスを掲げ、事業の領域と組むべきパートナーを切り出していく。

そして、STEP3の未来実装では、ビジョンを設定し、事業の骨格である顧客と提供価値を定め、その実現に向けて具体的に動いていく。実装は「**着手小局**」。現実を踏まえて、手堅く組織と関係者を動かしていくのだ。

未来創造には、「**甘い妄想**」と「**手堅い実装**」の両方が必要だ。前者が欠けると、ワクワクする未来が描けないし、後者が欠けると描いた未来が実現できない。

プログラムの進め方

未来創造プログラムに取り組む目的

未来創造プログラムに取り組む目的はさまざまだ。それぞれの目的に応じた進め方を考えればよい。

①主力事業の転換

たとえば自動車部品や石油化学といった、事業環境の激変が予測される業界にいる会社は、現在の主力事業が消滅する可能性も否定できない。

新たな主力事業を創り出すためには、経営陣が本腰を入れてコミットし続け、数年かけてでも未来創造を成し遂げなければならない。

②次の成長の柱の探索

たとえば総合商社や情報通信企業など、主力事業の領域を交替しながら成長してきた会社が該当する。次の成長の柱を模索するために、本書のアプローチを使って通常の新規事業の検討よりも一段大きな事業を構想することができる。この場合も経営陣がコミットして、半年から1年ほどかけて、本業と並行して十分なリソースを割いて検討を進めたい。

③新規事業創造の一貫として

新規事業の検討では、現在見えている不満足や不合理といった課題の解決を目指す場合が多い。しかし時には、より大きな社会課題の解決が検討テーマとなることもある。また、自社だけでなく仲間を巻き込む必要が出てくることもある。そのときには通常の新規事業開発のアプローチより、本書のアプローチが役に立つ。実際に私の場合も、新規事業の検討プログラムの途中で、この未来創造のアプローチに切り替えることは多い。

この場合も、3か月〜1年ほどの研修スタイルで進めることが多い。そして良い未来構想ができたら、それを研修の終了とともに終わらせてはいけない。新たなチームを作って継続検討すべきだ。

④若手人材の育成とモチベーションの向上

若手に未来創造を期待して、若手中心にプログラムを進める会社も多い。たしかに既存業務に縛られない新しいアイデアが出てくることが多く、プログラムも賑やかに楽しく進められる。この場合、プログラムの目的はおもにスキル獲得とモチベーションの向上だ。STEP2までを3か月〜半年くらいの研修スタイルで進める場合が多い。

この場合も、良いアイデアが生まれたら、社内事業公募制度に応募するなど、検討の出口を用意しておくべきだ。

研修プログラムとして実施する場合

未来創造を、研修プログラムの一環として検討を進める場合も多い。

有望な若手もしくは幹部候補を対象に10〜25名が参加し、3〜4チームで半年から1年くらいの期間で検討を進めるものだ。

そして、プロジェクトの検討結果を経営陣に報告し、事業化検討の継続判断が出た場合、メンバーの一部が「新規事業推進室」といった組織に移り、経営陣直下で検討を続けることとなる。

研修プログラムで進める場合、注意すべきことがある。

まず、報告は必ず経営者に対して行い、その場で意思決定してもらうことだ。たいへんな努力をして全社の未来を創り出す提言を作りあげても、経営陣に直接伝わらない限り、ほとんど影響がないまま終わってしまう。そうなると、参加者に「どうせこの会社は未来のことなど真剣に考えていない」と思われても仕方がない。

また、検討期間中のメンバーは兼務となるため負荷が高くなる。あらかじめメンバーの上司から、業務の負荷軽減の合意を取るべきであり、また研修プログラムの結果、「GO」の判断をもらったら、既存業務からしばらく離れる可能性があることを、事前に伝えるべきだろう。

そこまでの成果を求めず、社員のスキルとチベーションを高めることを目的にする場合もある。その場合は、3〜4か月くらいでSTEP1とSTEP2の入口部分までを検討すればよいだろう。ただしその場合も、良い事業案が出た場合、事業公募制度などに提案するという「出口」を用意しておくことが必要だ。

「逃げ切れない」中高年にこそ未来を創り出してほしい

多くの会社で最も人数が多い世代は、バブル採用の50代だろう。

彼らはときに「逃げ切り世代」とさえ呼ばれ、新しいことを起こせない世代と思われている。そんな彼らも、定年延長で会社の主力人材であり続ける。彼らがこのまま「大過なく逃げ切ろう」と考えるならば、まさにお荷物でしかない。

しかし彼らは、先輩世代と違って実際には「逃げ切れない」。働かない50代を多数抱える会社が、彼らの退職時に安泰だと想定することすら危険だ。

しかし、「逃げ切れない」とわかれば、新しいことにチャレンジするしかない。会社を動かす力学を熟知した彼ら50代が、新たなチャレンジに目覚めれば、未来を創り出すこともできる。

50代が主役になって活躍するのももちろんよい。しかしそれ以外にも、彼らが次の主役となる若手を守りサポートする役に徹する道もある。この本のケースの主役も30代の若手だが、現実の場面では若手は50代の社員のサポートを得てこそ活躍できる。

会社や組織を、未来のある次の世代に引き継ぐことこそ、中高年の使命だろう。（著者と同世代である）中高年の方々には、未来の変化を怖がる役ではなく、未来を創り出す（サポート）役として活躍し続けてほしい。

第2章

DISCOVER
未来予測をインプットする

正しい未来を妄想するためには、質の高い未来予測をインプットする必要がある。本章では、知識社会の到来、デジタルの爆速進化、産業構造と経済システムの転換、生命と健康、欲求段階の進化、また人口動態という視点で、未来を読み解いていく。

本書での未来予測の内容はダイジェスト版なので、巻末の「BOOK GUIDE」に紹介する書籍なども参考にしてほしい。

未来予測と妄想
（未来の現実）

パーパス
（大目的）

ビジョン
（目標）

第2章

未来予測の方法論
明るい未来を創り出そう
今起きている産業革命
デジタル化する世界
消滅する労働
産業構造の転換
知識社会の経済システム
生命と健康の未来
欲求段階の進化
人口動態から読む未来

STEP3
未来を「実装」する

STEP2
未来を「構想」する

STEP1
未来を「妄想」する

今の現実

第2章で学んだこと

坪川さんのプログラムを終えた感想

プログラムの第2回目では、自分たちの未来を妄想するために、未来予測の知識をインプットした。事前に先生の「未来予測シリーズ」の動画を見てみた。技術の基礎から産業へのインパクトや未来の社会の変化まで、未来は大きく変わるということがわかった。

私も“リケジョ”の研究者だから、自分の専門分野の最新研究は押さえているつもりだったけれど、ヘルスケア技術の発展は目覚ましくて、本当にビックリすることばかりだ。現実のほうが、私の妄想より、ずっと先に行っている。

はじめは「妄想って、何それ!?」と思ったけれど、現実に追いつくためにも“真剣に妄想”しなければいけないな。そのためには今まさに世界で起こっている変化を理解しなければと思った。

今日は、動画を見たときに取ったメモを振り返りながら、オンラインで学びと気付きをみんなで共有したが、とても刺激的だった。

そういえば、画面越しに見る伊藤さんは、ちょっと固まっていた。そうだよね、小売とか流通とか、業種まるごとなくなってしまうかもしれないからね。前回SNSでも繋がったし、あとでメッセージして励ましておこう。

考えてみると、こうしたオンラインでの講義とか議論とか、SNSとかチャットとか、たった5年前とか10年前には「妄想」だったわけだから、今回インプットした未来予測から発する妄想はこれからどんどん実現していくはずよね。

未来予測の方法論

未来の大きな流れを読む

今は「VUCA」の時代だとよくいわれる。現代社会は変動が多く（Volatility）、不確実で（Uncertainty）、複雑で（Complexity）、かつ曖昧（Ambiguity）なので、未来の予測は不可能というものだ。

たしかに過去の業界秩序は崩れ、今年や来年に何が起こるのか誰にもわからない。その意味だと、世界はVUCAだといえる。しかし、10年後の未来がどうなるか、その方向感はかなり明確に見えているはずだ。目先のVUCAな状況でなく、確実に来る「**未来の大きな流れ**」をつかもう。

未来を考えるとき捉えるべきものは、どんな産業が登場し成長するか、また業界構造はどう変わるかといった、「大きな流れ」（トレンド）だ。

どの会社がどんな製品を発表するか、どの会社の株価が上がるか、どこがどこを買収するかといった「個別の事象」（イベント）は、どのみち予測できない。しかし、未来予測に必要なのは、個別の事象の予測ではなく、未来を妄想するのに必要となる「大きな流れ」なのだ。

技術と人口動態をベースに政治・経済・社会を読む

未来予測にはよく「**PEST**」という方法を使う。未来の政治（Politics）、経済（Economics）、社会（Society）、技術（Technology）の４つの要素について予測しようというものだ。

このPESTには、政治・経済・社会という「上部構造」の要素と、技術と人口動態といった「下部構造」の要素がある。

変化の原動力となるのは下部構造だ。そして、この下部構造は比較的先まで予測できる。まずは技術と人口動態の変化を押さえて、そのうえで上部構造の変化を予測してみよう。

また、たとえば巨大台風や巨大地震、新型コロナのような疫病の流行、またISISのテロやウクライナでの戦争といった「事件（アクシデント）」は、いつどこで起こるかという予測はできない。こうした「事件」に対しては、「シナリオ分析」（90ページ参照）という手法を使って、あらかじめ備えておくとよい。

アップルが予測した未来

未来予測の例として、たとえば、アップルが予測した「ナレッジ・ナビゲーター」を見てみよう。ナレッジ・ナビゲーターは、液晶の平面パネルと無線通信を備えたタブレットだ。音声認識機能を備え、メッセージやスケジュールを会話で確認することができる。

これだけならば「何だ、今のiPadじゃないか」と思うだろうが、注目すべきは、これは1988年に予測された未来ということだ。

1988年当時のパソコンは、ブラウン管をディスプレイ装置に使った、机を占領する大きなマシンだった。搭載したメモリーも640KBほど、記憶装置も1.44MBのフロッピーディスクと、ともに今の十万〜百万分の１くらいの容量だった。また、グラフィック表示も貧弱で、マウスも装備されておらず操作には呪文のようなコマンドを打ち込む必要があった。当時はそれが「常識」だった。そんな当時に予測されたナレッジ・ナビゲーターは「妄想」だとしか言いようがない。

しかし、本章で後述するデジタルの超絶進化を考えると、ナレッジ・ナビゲーターこそが「合理的な未来」となるはずだ。アップルはこうした「**正しい妄想**」をしたからこそ、iPadを世に出すことができたのだと思う。

明るい未来を創り出そう

現在を過去の目で見ると間違える

ベストセラーになった『FACTFULNESSファクトフルネス』(ハンス・ロスリング、日経BP)の冒頭にあるクイズを何問か見てみよう。

質問3：世界の人口のうち、極度の貧困にある人の割合は過去20年でどう変わったでしょう。
A：約2倍になった　B：あまり変わらない　C：約半分になった

質問5：15歳未満の子供は現在世界に約20億人います。国連の予測によると、2100年に子供の数は約何人になるでしょう？
A：40億人、 B：30億人　C：20億人

質問11：1996年にはトラとジャイアントパンダとクロサイはいずれも絶滅危惧種として指定されていました。この3つのうち、当時よりも絶滅の危機に瀕している動物はいくつでしょう？
A：2つ　B：ひとつ　C：ゼロ

答えはすべてCだ。ランダムに答えても３割は当たるはずだが、３割以上正解した人はたったの１割。それも高学歴の人ほど正解率が低いそうだ。ほとんどの人は、世界を現実より悪く、悲観的に捉えているのだ。

暗い話題ばかりを流すニュースの影響も大きい。また人間は、過去を美化して、未来のリスクを過大に評価しがちだ。そして何より、過去の現実は実際に悲惨だったのだ。高学歴の人は「**過去の正しい常識**」をインプットしているからこそ、現在と未来の世界を誤った認識で捉えるのだ。

現在を正しく見る、そして未来を考えるには、染み付いた「過去の常識」を手放す必要がある。

未来は過去よりずっと良くなる

世の中はあらゆる面で良くなっている。次ページのグラフを見てみよう。

グラフの横軸は1人あたりの所得、縦軸は平均寿命だ。この50年の間にも、世界は時代とともにずっと豊かになり、平均寿命も延びている。

時代とともに、飢えに苦しむ人は減り、衛生状態はずっと改善し、教育も普及し、暴力と戦争は減り、自由と平等は進んだのだ。

もちろん、貧困も不平等も戦争もまだ残っている。しかし、過去の現実は、もっと悲惨だった。

50年ほど前の世界を振り返ってみよう。中国の文化大革命（1966～76年）は4500万人以上の、ベトナム戦争（1955～75年）では800万人以上の死者を出した。韓国も台湾もインドネシアもフィリピンも、当時は軍事独裁政権の下にあった。米国とソ連（当時）の核ミサイルによる全面戦争と人類絶滅の危機は、今より遥かに可能性の高いものだった。

社会生活の面では、先進国の米国でも1964年に公民権法が成立するまで黒人は公然と差別されていた。英国でも1967年まで同性愛は犯罪だった。子供や妻に対する暴力も、当時は多くが正当なものと見なされた。

日本については、第二次世界大戦（1939～45年）では310万人もの国民が亡くなった。また1950～70年代の高度成長期には、水俣病や四日市ぜんそくといった大規模な公害病が起き、大気汚染も水質汚染も深刻だった。

1986年に男女雇用機会均等法が施行されるまで、女性の雇用機会は差別されていた。少年犯罪の検挙数は平成元（1989）年には平成末（2019）年の7倍もあった。

「昔は良かった」というのは、多くの場合、都合よく記憶を失った人たちの、現実を無視した「妄言」だ。

私たちには、先人たちが成し遂げた進歩を引き継ぎ、未来をさらに良くする責務があるはずだ。

《世界は次第に良くなっている》

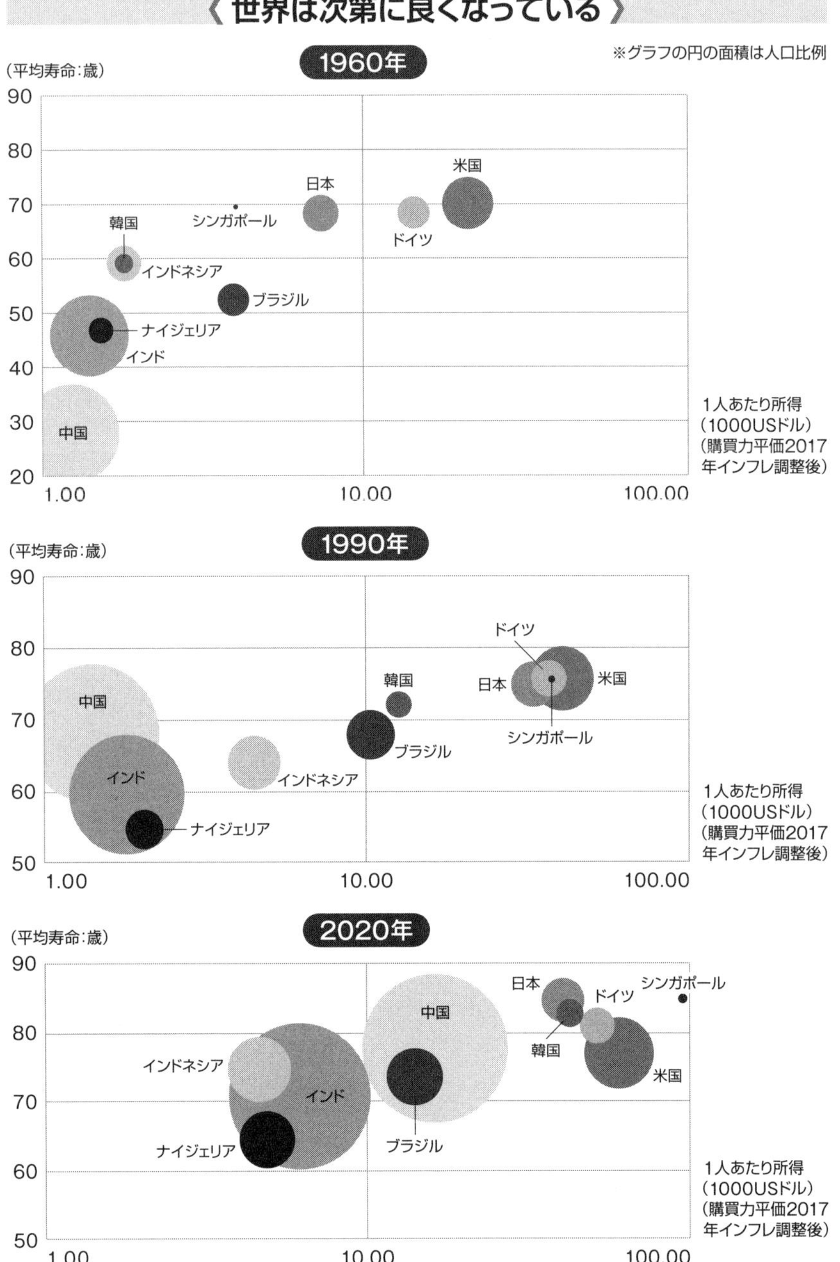

(出所)「Gapminder.org」をもとに著者作成

今、起きている産業革命

農業社会から工業社会へ

今からおよそ250年前、英国で産業革命が始まり、世界は「農業社会」から「工業社会」へとシフトした。そして新しい産業が興り、社会や生活を変えていった。

この産業革命には3つのステージがある。

まず18〜19世紀に、蒸気機関が発明され、鉄道と蒸気船が登場し、石炭産業や製鉄業や繊維産業が盛んになった（第1次産業革命）。この時代の覇者は英国だ。産業革命をリードし、インドなどを植民地として世界に君臨した。

20世紀に入ると、石油と電気が利用されはじめ、自動車が登場した（第2次産業革命）。この時代には米国が巨大な新興国として台頭した。

そして20世紀の後半には、石油化学産業とエレクトロニクス産業が登場し、プラスチックやテレビやコンピュータが日常生活を変えていった（第3次産業革命）。この時代には米国とソ連の対立のなか、高度成長を遂げた日本が経済大国となった。

この工業社会では、新しく出現した工業製品が世の中を変えていった。製造業こそが価値を創出した時代だともいえる。

知識社会にシフトした世界

現在、世界は「工業社会」から「知識社会」にシフトしている。

知識社会とは、ピーター・ドラッカーやアルビン・トフラーが50年前から提唱してきた概念だ。製造業（モノづくり）でなく、ソフトウェアや医療やマネジメントといった「知識産業」が産業の主役となる社会のことだ。

これを第４次産業革命という人もいる。

日本が「失われた30年」といわれる平成の眠りについていた間に、世界は知識社会へとシフトした。その証拠に、平成元（1989）年と平成30（2018）年の株式時価総額のランキングを下図で比較してみよう。

工業社会末期の平成元年には、日本企業がズラリと上位に並んでいた。上位に位置していたのは製造業と、生産に必要となる生産設備や土地といった固定資産の調達に必要な資本を提供する銀行だ。当時は製造業と銀行が産業の主役であり「モノづくり」に秀でる日本は圧倒的な強さを誇った。

ところが、平成30年の顔ぶれはまったく異なる。上位にいるのはソフトウェア産業、つまり固定資産をほとんど持たない知識産業のプレイヤーだ。

《企業の時価総額ランキング》

	1989（平成元）年 世界時価総額ランキング			2018（平成30）年 世界時価総額ランキング		
順位	企業名	時価総額	国名	企業名	時価総額	国名
1	NTT	1,638.6	日本	アップル	9,409.5	米国
2	日本興業銀行	715.9	日本	アマゾン・ドット・コム	8,800.6	米国
3	住友銀行	695.9	日本	アルファベット	8,336.6	米国
4	富士銀行	670.8	日本	マイクロソフト	8,158.4	米国
5	第一勧業銀行	660.9	日本	フェイスブック	6,092.5	米国
6	IBM	646.5	米国	バークシャー・ハサウェイ	4,925.0	米国
7	三菱銀行	592.7	日本	アリババ・グループ・ホールディング	4,795.8	中国
8	エクソン	549.2	米国	テンセント・ホールディングス	4,557.3	中国
9	東京電力	544.6	日本	JPモルガン・チェース	3,740.0	米国
10	ロイヤル・ダッチ・シェル	543.6	英国	エクソン・モービル	3,446.5	米国
11	トヨタ自動車	541.7	日本	ジョンソン・エンド・ジョンソン	3,375.5	米国
12	GE	493.6	米国	ビザ	3,143.8	米国
13	三和銀行	492.9	日本	バンク・オブ・アメリカ	3,016.8	米国
14	野村證券	444.4	日本	ロイヤル・ダッチ・シェル	2,899.7	英国
15	新日本製鐵	414.8	日本	中国工商銀行	2,870.7	中国
16	AT&T	381.2	米国	サムスン電子	2,842.8	韓国
17	日立製作所	358.2	日本	ウェルズ・ファーゴ	2,735.4	米国
18	松下電器	357.0	日本	ウォルマート	2,598.5	米国
19	フィリップ・モリス	321.4	米国	中国建設銀行	2,502.8	中国
20	東芝	309.1	日本	ネスレ	2,455.2	スイス

（単位：億ドル）

（出所）ダイヤモンドオンライン（2018年8月20日）

そして、日本企業はここにはいない。知識社会にシフトした世界に、日本企業は対応しきれなかったのだ。

知識社会へ本格的にシフトしはじめた2000年頃の状況を見てみよう。

1995年にWindows95の登場で世界がインターネットに繋がった。2000年頃はインターネット・バブルが発生し、グーグルやアマゾンが誕生した。

まさに20世紀から21世紀に移ったタイミングで、世界は工業社会から知識社会に本格的にシフトしたのだといえる。

さまざまな産業が、知識産業化の波の中で構造変化した。そして、この変化は始まったばかりだ。

これから自動車とエネルギーといった巨大産業が大きく転換していく。そしてその他の産業も変容し、社会のあり方も変わっていく。

今は無敵に思える「GAFAM」といった企業も、30年先には存続しているかもわからない。そして今は存在すらしていない会社も、10年後のリストにはたくさん登場するはずだ。

日本企業も知識社会で活躍してほしい

工業社会末期には無敵と思えた日本企業は、世界が知識社会にシフトするとともに、存在感を失った。知識社会化に対応できなかった、といってよいだろう。

しかし、知識社会が来ることは50年前から多くの人が予測してきたはずだ。そうした予測にもかかわらず、そして実際に知識社会が到来してから後も、日本企業も日本社会も工業社会での成功体験を繰り返そうするばかりだったのだ。

知識社会はまだ入口に立ったばかりだ。これからもいろいろな技術が登場し、新しい産業が生まれ、社会も変化する。そしてどのような変化が起こるかについて、すでに方向性は見えている。

「どのみち来る未来」に流されるのではなく、自ら手がけて未来を創り出していこう。

デジタル化する世界

産業革命の原動力――ムーアの法則

知識産業へのシフトの原動力は、デジタルの超絶的な進化だ。

半導体の世界は、価格性能比が5年でおよそ10倍になるという「ムーアの法則」に支配されている。5年で10倍なので、10年で100倍、15年で1000倍、20年で10000倍という、指数関数のグラフに沿った超絶的な性能向上を果たしている。

今のスマートフォン（iPhone14）は、30年前の世界最高速のスーパーコンピュータ（富士通VP2000）の数百倍の性能を持つ。昔なら数十億円した巨大なマシンを数百台並べたものを、今は世界の数十億人が毎日、掌の上で使っているわけだ。

こうしたデジタルの進化が、生活を変え、職場の風景を変え、新しい産業を生み、その一方で今まであったいくつかの産業を滅ぼしてきた。

まさにデジタルが世界を「転換」（Transform）したのだ。これが「**デジタル・トランスフォーメーション**」（DX）の本質だ。

これからの世界はデジタルがさらに社会と産業を変えていく。以下、その一端を見ていこう。

すべてのシステムがつながる

インターネット出現前の2000年頃まで、書店には分厚い「時刻表」が平積みになっていた。観光や旅行の際には、この時刻表を引いて新幹線や電車の予定を調べ、駅の「みどりの窓口」に出向いて紙の切符を買う必要があった。また、宿を予約するには一軒一軒直接、日中に電話をかけて手配した。それが当時の「常識」だった。

その20年後の私たちは、インスタグラムで来た写真を「イイね」と思ったら、その場所までの行き方もグーグルマップで確かめることができる。そこが気に入ったら、スケジューラとチャットで友人とその場で日程を調整して、真夜中でも列車やホテルを予約できる。いま当たり前にしていることは、20年前ならすべて「妄想」だ。これは、いろいろな業務がオンラインに移り、かつインターネットで相互に繋がったから可能になった"芸当"だ。今後はますます多くの情報や業務がインターネットで相互に繋がる。この世界のあらゆるものがシステム上で繋がる世界観を「**O2O**」(Online to Offline)、または「**OMO**」(Online Merges with Offline) という。

また日程調整や移動の手配などをAIがすべて自動でやってくれる未来はすぐ近くだろう。さらにこの先、量子コンピュータが発達すると、すべての活動の最適化計算が実現する可能性もある。個人の嗜好と観光地の混雑度、宿や移動手段の手配、そして使用エネルギーや食材の環境負荷など、あらゆる要素を最適化した旅行というものが実現するわけだ。

すべてのモノがインターネットに繋がる

そしていろいろなモノもオンラインで繋がってくる。自動車や監視カメラだけではない。たとえば洋服のボタンがRFIDやNFCといった近距離無線通信で繋がると、その服がどこで生産され、どこで販売され、どこで着られ(もしくは着られず)、何回洗濯されたか、すべてトラッキングできるようになる。

どんどん安く小さくなるコンピュータはいろいろなモノに入り、すべてのモノが繋がっていく。これが、2000年頃ならユビキタス・コンピューティング、今なら「**IoT**」(Internet of Things)、もしくは「**IoE**」(Internet of Everything) といわれる概念だ。

距離と言語の壁がなくなる

30年ほど前の長距離電話はとても高額だった。東京-大阪間は1分100円ほど、日本-米国間だと1分500円ほどかかった。また英文を読むのは（英語が堪能な一部の人以外は）辞書を片手に翻訳する大変な作業だった。

ところが今では、全世界に（音声の1000倍の帯域が必要な）動画をほぼ無料で送ることができる。また機械翻訳の文章も人と遜色ないレベルに達した。当時の人からみたらいずれも「妄想」の世界だ。

距離と言語の壁はさらに低くなる。2025年頃には世界中の人たちが、母国語を使ってリアルタイムで会話できるようになるはずだ。

進む仮想化

工業社会になって、新聞やラジオなどのマスメディア、電話という通信手段、また小説や漫画というコンテンツが登場し、目の前に存在しない「仮想現実」の世界を伝えることが可能となった。

インターネット登場後、この仮想現実の世界は、音声と文字から動画やゲームに広がり、さらに三次元の映像へと進化している。

さらに生活空間や工場やビルを、また都市空間を丸ごと仮想化すること（「**メタバース**」「**ミラーワールド**」「**デジタルツイン**」）で、現実世界のすべてが仮想化されていく。

すでに若い世代では、現実の世界だけでなく、ゲームなどの仮想空間の中で複数のアバター人格を持ち、複数の人生を並行して歩むことが普通になってきている。「**VR**」（仮想現実）、「**AR**」（拡張現実）、「**MR**」（複合現実）といった仮想世界の進化と現実世界との融合は、これからもさらに進むだろう。

加速する価値交換

「お金」は素晴らしい発明だ。提供した価値の対価をお金でもらうことができ、またそれを資産として貯めることもできる。

こうした金融情報はすでにデジタルに移行済みだ。あなたの預金残高とは、物理的な札束ではなく、銀行のコンピュータが持つデータだ。また今では、アフリカのM-Pesa（2007年創業）やインドのPaytm（2010年創業）といったスマホで完結する金融サービスを提供する会社が、世界最大規模の顧客を持つ銀行となっている。

さらに個人の購買履歴や行動履歴などのビッグデータから、個人の信用度を算出することもできる。アリババの「芝麻（ジーマ）信用」の信用スコアが有名だろう。個人の信用を可視化することで信用コストを劇的に下げた。

また、ブロックチェーンを使った改竄不可能な証明情報（「**NFT**」：非代替性トークン）でデータの出所を保証することができる。さらに、そのデータが誰に帰属するかを「**SBT**」（譲渡不可能なNFT）で保証し、コンテンツ等の真贋や帰属を証明することもできる。

経済活動の基盤となるのが信用と証明だ。こうした情報がデジタルで交換されることで、経済活動という価値交換がさらに加速する。

ピラミッド組織から自律分散型組織へ

組織は情報で動くので、情報の流れ方で最適な組織の形が決まる。

工業時代の最適な組織は「ピラミッド組織」だった。紙の文書が組織の階層を上下して情報を伝え、組織を動かしていった。紙の文書は容易に複製できないので、組織の形は固定的で、また組織間の壁も厚かった。

しかし、2000年頃に普及した電子メールにより、組織の壁を越えて情報を伝えられるようになった。さらにコロナ禍で普及したZOOM等で、メンバーは場所に関係なく働けるようになった。

現在の最適な組織とは、外部を含めて最適な人材が世界中から集まり、チームとして動く組織だ。今後は、個人が同時に複数の組織に所属し働くことが当たり前になる。また組織も目的に応じ随時組成され、多様な人が必要に応じて随時参加するプロジェクトのようになっていく。

このように知識社会においては、組織は次第に「自律分散型組織」（「**DAO**」：Decentralized Autonomous Organization）になっていく。

消滅する労働

工業社会は「肉体労働」を機械化した

農業社会の人口の大半は農民だった。農作業を人力と家畜の力に頼っていた当時は、農業生産には膨大な労力が必要だった。

しかし工業社会に入って、農業機械と化学肥料が使われるようになると、農業の生産性は飛躍的に拡大した。現在の日本では、専業農家は100万戸ほどだ。工業社会に入って農業の生産性は30倍以上になったといえるだろう。同じく農業社会では、寺院や城郭などの建設も人力だった。今なら建設機械を使って、同じ建物をおそらく10分の１の工期と人数で建設できるだろう。

このように、工業社会とは「肉体労働」を機械化して、生産性を向上した社会だといえる。

知識社会化はすでに「単純頭脳労働」を機械化した

知識社会へのシフトと並行して、単純な頭脳労働が機械化されていった。

電卓が登場したのは1975年頃だ。それ以前は、計算の道具はソロバンだった。当時の会社員は、勤務時間のうち相当な時間をソロバン操作に使うのが「常識」だった。今は皆が当たり前のように使う表計算ソフトなど、当時は想像すらできなかった「妄想」だ。

また、1985年頃にワードプロセッサ（ワープロ）が実用化する前は、会社の文書はほぼ手書きだった。また2000年頃に電子メールが普及する前は、紙の文書は郵便か「社内便」で送られていた。

こうした「単純頭脳労働」は、今はほとんど機械化された。それとともに、当時は会社にたくさんいた“OLさん”（書類の清書や文書の印刷・回覧などの作業を担当する女性社員）も姿を消した。

「一般頭脳労働」と「サービス労働」も機械化される

複雑な知識は必要だがパターン的な仕事は、AIが最も得意とする仕事だ。こうした仕事はこれからどんどん機械化されていく。

たとえば、弁護士の仕事を考えてみよう。花形弁護士の法廷弁論などはまだまだAIに代替できそうにない。しかし弁護士の仕事の多くは、判例の調査や契約書のチェックという機械的な作業だ。すでにこのような作業を機械化するAIソフトは市販されはじめている。

そして一般事務職のほとんどの仕事は、複雑であってもパターン化可能な仕事だ。おそらく10年後には、一般事務職という仕事もほとんど消滅するはずだ。

工業社会では、事務作業を正確に効率よくする人、また事務手続きに関して詳細な知識がある人に価値があった。しかし知識社会では、事務作業は消滅すると思ってよい。そうした事務作業は、機械のほうがより正確により効率的に、また豊富な知識をもって処理できる。知識社会では、決まった仕事を真面目にキチンとする（だけの）人には価値がなくなるのだ。

またサービス労働もこれから次第に自動化される。

たとえば配膳ロボットや掃除ロボットや警備ロボットは、AIで物体の識別や人物の顔認証が可能になったからこそ登場したものだ。

さらに今後は、配達ロボットや調理ロボットなども実用化され普及が進む。これらは2022年の時点では「妄想」だが、導入されるとすぐに街の風景の一部として溶け込み、当たり前の「常識」になる。

機械化されずに残る仕事とは、デザイナーやアーティストなどの創造的な仕事、ケア職などの人間的タッチが必要な仕事、また家事などの不定形かつ細かな手作業が必要な仕事などに限られていくだろう。

また、社会改革（ソーシャル・アントレプレナー）といった仕事も知識社会に伸びる職種だといえるだろう。

産業構造の転換

知識社会で激変した産業構造

知識社会の本格到来とともに、産業の構造も大きく変わった。

たとえば情報通信産業を見てみよう。52ページに示す通り、平成元年度に世界最大の時価総額を誇ったのはＮＴＴだ。日本全国に張り巡らせた電話回線という固定資産の価値が評価されたのだ。

しかし現在、情報通信産業で時価総額の上位にいるのはグーグルやフェイスブックやテンセント（中国）だ。彼らは固定資産ではなくソフトウェアや膨大な顧客データなどの「知識」という資産（「知的資産」）を評価されているのだ。

メディア産業はどうだろう。工業社会のメディアの王者は、巨大な輪転機と電波塔という固定資産を持つ大新聞社とテレビ局だった。彼らはメディアを独占し、言論を左右する力を持っていた。

しかし現在は、ブログやSNSやYouTubeなど個人でも発信できるメディアが多数登場し、新聞社やテレビ局も今や無数にあるメディアのひとつでしかない。また、現在世界最大の（実質的な）テレビ局はNetflixという新興のデジタル企業だ。

小売業を見てみよう。20世紀後半には、工業社会とともに出現した大量生産と自動車の物流を活用したシアーズ・ローバックが、世界最大の小売業者として君臨した。しかしシアーズはデジタルの活用に遅れ、ネット流通の台頭に対抗できないまま、2018年に破産した。

現在世界最大の小売業となったアマゾンは、徹底した情報装備と自動化、また顧客データの活用という「知識」を競争力とする会社だ。

無料化するエネルギー

文明を進化させる原動力のひとつが、エネルギー（動力）だ。

農業社会とは、動力を人力と家畜に頼る世界だった。工業社会に入って安価な化石燃料を蒸気機関と内燃機関で動力として利用可能となり、生産力は爆発的に増加した。

そして知識社会へのシフトと同じタイミングで、エネルギーも大転換する。太陽光や風力といった「自然エネルギー」が主役となるのだ（図表参照）。

10年前までは比較的高価だった自然エネルギーは、現在（2021年）すでに石炭の半額以下の価格となった。また蓄電に必要となるリチウムイオン電池も、10年ごと価格が10分の１に下がっている。

欧州と米国は2050年までに、中国は2060年までに、インドも2070年までにカーボンニュートラルを目指すが、その時の主役となるのがこの自然エネルギーだ。太陽光・風力・電池・炭素取引といった巨大な「**グリーン産業**」をリードすべく、各国が競争を始めている。

そして、自然エネルギーである太陽光も風力も電池も、設備さえ設置すれば燃料が不要、つまり限界費用なしに生産できるエネルギーだ。

《この10年でのエネルギー単価の劇的な変化》

電力源	2009年	2019年	10年の変化
石炭火力	$111	$109	−2%、ほぼ変わらず
原子力	$123	$155	+26%、単価上昇
ガス火力	$275	$175	−37%
ガス複合サイクル	$83	$56	−32%、化石燃料で最も低コスト
陸上風力	$135	**$41**	**−70%、最も低コストの電源に**
太陽光	$359	**$41**	**−89%、最も低コストの電源に**

単価:ドル/MWh　（出所）Lazard「Levelized Cost of Energy Analysis ver13.0」をもとに著者作成

つまり、知識社会とは、豊富なエネルギーをほぼ無料で使える世界でもあるのだ。工業社会の20世紀には、石油というエネルギー資源をめぐって世界各地で戦争が起こった。知識社会ではそうした戦争は激減するだろう。

価値が低下する「モノづくり」

農業社会とは、農業が産業の主役であった時代だ。それが工業社会になると、製造業（モノづくり）が産業の主役となった。

たとえば自動車を考えてみよう。自動車を作るには、シリンダーやピストンといった部品を高精度で製造し正確に組み立てる必要があり、高価な専用設備と熟練した職人が必要だった。質の高い工業製品を作ることは誰にでもできる仕事ではなく、「良いものを作れば売れる」世界だった。

しかし知識社会とは、比較的誰にでもモノづくりができる社会だ。

今や金属3Dプリンタは複雑かつ精密なロケットエンジンを製造している。また安価になった協働ロボット（コボット）は、今までの作業者の仕事をどんどん置き換えている。今後は設計図さえあれば、汎用の3Dプリンタや工業用ロボットで、かなり高度なモノがほぼ自動で製造できるようになる。

また、工業社会ではモノづくりの職人芸に価値があったが、知識社会の製造では、要求仕様を入れるとコンピュータが最適な材質を選定し設計図を自動で描く「トポロジー設計」が普及していく。

そうなると、素材開発や設計図作成のソフトウェアといった研究開発や、誰にどんな商品を提供するかを考えるマーケティングの価値が高まり、一方でモノづくりの価値は相対的に低くなる。

工業社会において日本は、「良いモノ（工業製品）を安く作る」能力で豊かに成長することができた。しかし、モノづくりが容易になる時代、同じ能力で勝負しようとすることは、自殺行為に等しい。モノづくりの次のステージでの競争が求められているのだ。

《 知識社会化に伴う「モノづくり」の価値の低下 》

	工業社会		
機能	研究開発	モノづくり（製造）	マーケティング
価値	低	高	低
内容	・設計よりも製造が大変 ・ソフトはハードの「おまけ」	・モノづくりの「匠」の技が品質を決める ・製造には特殊な製造設備が必要	・モノに飢えた市場 ・「良いモノを作れば売れる」ので、マーケティング不要

	知識社会		
機能	研究開発	モノづくり（製造）	マーケティング
価値	高	低	高
内容	・設計こそが製品の価値に ・ソフトウェアとデザインが重要に	・汎用の3Dプリンタとロボットで複雑な製品も製造可能 ・設計データがあれば誰でも製造可能に	・モノが溢れているので品質と機能だけでは差別化できない ・誰が何を求めているか探索が重要に

自動化かつ無料化するモビリティ

工業社会で最大の産業となった自動車産業も、知識社会化に伴う構造転換を迫られている。そのキーワードが「**CASE**」と「**MaaS**」だ。

CASEのCのConnectedとは、まさにクルマがデジタルの世界と接続されるという意味だ。自動車産業もデジタルのスピードでの変化が始まる。

Aの「Autonomous」（自動運転）は、AIにより実現した技術だ。技術的にはほぼ完成しており、米国では2020年からテスラが自動運転のソフトウェアをダウンロード可能とし、中国ではすでに複数の大都市で自動運転のタクシーがサービスを展開している。日本でも、あと10年ほどで物流が、続いてバス、タクシーなど商用車の自動運転が本格化することが予測できる。自動運転になると、現在コストの7割を占める人件費が不要となる。物流もバス、タクシーも、現在の数分の1の値段で提供されるはずだ。

《自動車業界の激的な構造転換》

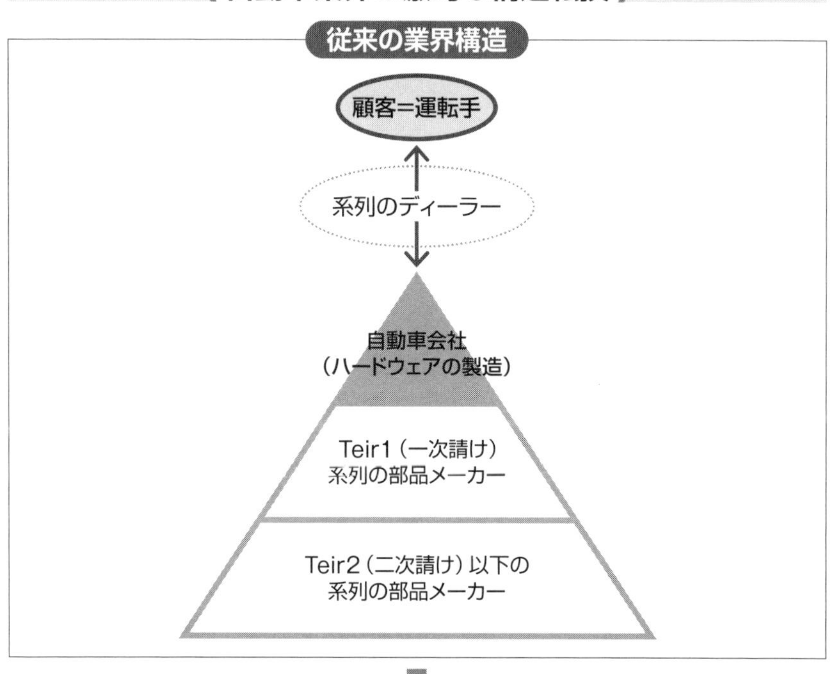

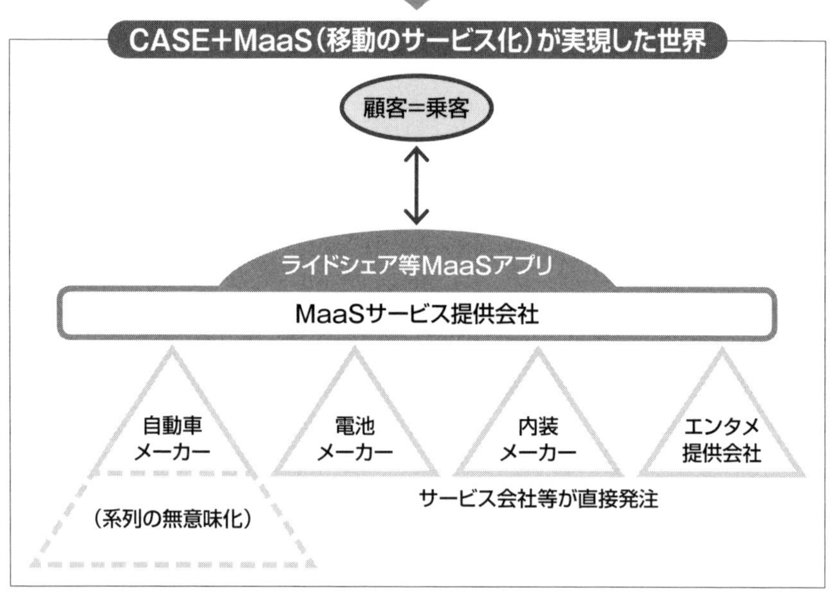

Sの「Shared」（共有・サービス化）は自動車産業以外にも当てはまるので、次の項目で説明する。

Eの「Electric」（電気自動車）は、本項目の前半で説明したとおり、電池技術の革命で実現したものだ。2025年頃を境に電気自動車はガソリン車より安価になる。そして、中国と欧州を先頭に2030〜40年には、世界でエンジンを搭載した自動車は販売できなくなる。

また「MaaS」（移動のサービス化：Mobility as a Service）に伴い、自動車業界の構造は大きく変化する。今まで自動車業界では、自動車という工業製品を製造する自動車会社が業界の頂点にいた。しかしMaaSの世界では、MaaSサービスを提供する会社が最も力を持つ。また競争ポイントも、機械の性能から「**UI/UX**」（User Interface/User Experience）にシフトする。

そして近距離の物資運搬手段としてドローンが、中距離・少人数の移動手段として高速かつ安価で便利な電動垂直離着陸機（eVTOL）が登場する。

このように、モビリティの未来は今よりずっと豊かで多彩になる。しかし、業界構造とプレイヤーは激変するだろう。

産業が転換するのは仕方がない。新しいことを始めよう

知識社会に入ると、工業社会の時代に発展した産業の中には消滅していくものもある。しかし、これは避けがたい。

産業が転換するのは仕方がない。消滅する産業にしがみつくのは賢い選択とはいえない。私たちも、知識社会という新しい時代に適応していくしかないのだ。

知識社会の経済システム

「共有経済」(シェア・エコノミー)が基盤となる世界

工業社会とは、生産設備と工業製品に大きな価値がある世界だ。それらを所有することが競争力の源泉であった。

しかし生産設備と製品が溢れてくる知識社会では、それらを常時自前で所有し続けるよりも、必要に応じて調達し活用するほうが有利となる。これが「**共有経済**」(シェア・エコノミー) だ。

共有経済を実現する会社の例としては、自動車をシェアするライドシェアの「Uber」(米国) や「滴滴」(中国)、また「Grab」(東南アジア) や「Ola」(インド) がある。また使用していない部屋 (不動産) を共有する「AirB2B」(米国) も有名だ。国内だと、「ヤフオク」や「メルカリ」が、おもに工業製品の二次利用を促進するシェア・エコノミーの最大手だといえる。

共有経済の実現の背景には、情報通信技術の進歩がある。

過去は誰が何を持ち (サプライ)、何を求めているのか (デマンド) がわからなかったので、モノを求める人は新品を買い求めるしかなく、また利用が終わったら捨てるしかなかった。無数の需要情報と無数の供給情報を「見える化」し、マッチングする情報通信技術が出現したからこそ、シェア・エコノミーが実現したのだ。

これからは、モノという工業製品がシェアされるだけではない。

すでに「タイミー」など個人の空き時間やスキルをシェアするアプリやクラウド・ソーシングなどが登場している。さらに (人間関係などを含めた) あらゆる資源がデジタル情報として細分化され、共有され最適化されていくことになるだろう。

こうした最適化にはAIが活用されることとなるが、さらに数十年後には量子コンピュータが、世界中の需要と供給を自動でマッチングし最適化する社会が到来するかもしれない。

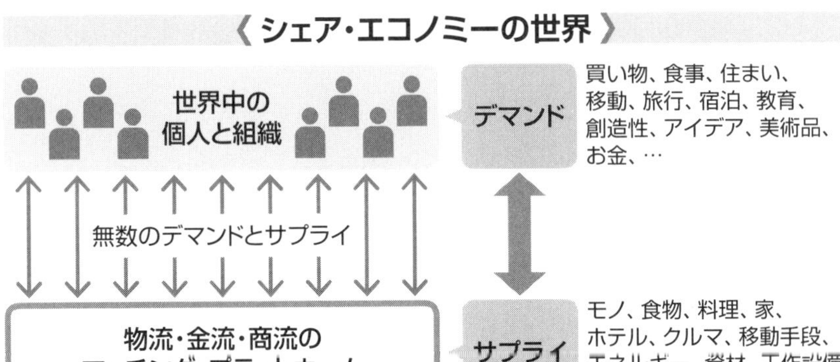

持続可能な「循環経済」(サーキュラー・エコノミー)

共有経済と自然エネルギーを融合し進化させた概念が「**循環経済**」(サーキュラー・エコノミー)だ。

工業社会の基本システムとは、「大量生産・大量消費」というパイプラインを動かす「**リニア・エコノミー**」だ。大量生産のためには大量の地下資源を採掘し、多量の廃棄物とCO_2を排出する。工業社会の経済とは、地球環境を収奪し破壊する経済だともいえる。

それに対して、循環経済とはすでに地上に溢れる工業生産物を「利用・回収・再生」するサイクルを回す、持続可能な経済といえる。経済活動に必要となるエネルギーも(環境汚染がほとんどない)自然エネルギーが主役となり、資源の採掘も廃棄も最小限になる。

こうした循環経済の実現に必要となる、原材料と製品のトラッキング技術、また資源の再生技術がこれから大きく成長する。

その一方で、従来型の資源浪費型の製造業は、その使命を終えていく。

《経済システムの転換》

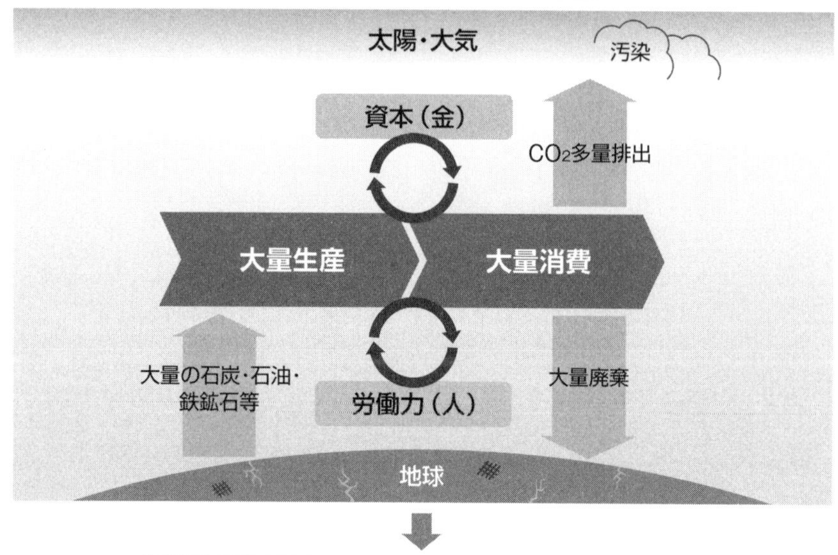
工業社会のリニア・エコノミー
太陽・大気
汚染
資本（金）
CO2多量排出
大量生産
大量消費
大量の石炭・石油・
鉄鉱石等
労働力（人）
大量廃棄
地球

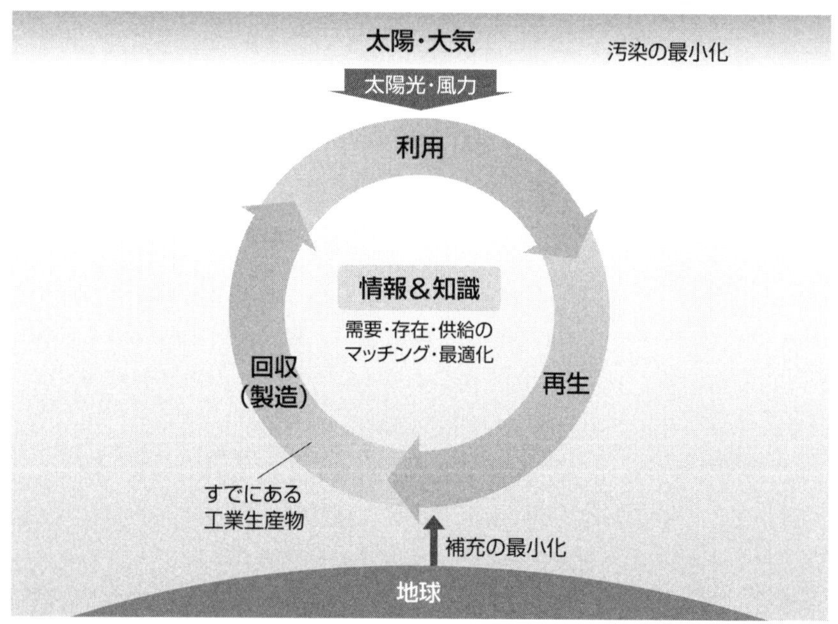
知識社会のサーキュラー・エコノミー（循環経済）
太陽・大気
汚染の最小化
太陽光・風力
利用
情報＆知識
需要・存在・供給の
マッチング・最適化
回収
（製造）
再生
すでにある
工業生産物
補充の最小化
地球

生命と健康の未来

伸びる寿命と健康

農業社会の明治時代を通じて、日本人の平均寿命はおよそ43歳だった。工業社会になって、栄養状態の改善、衛生の進歩、抗生物質やワクチンの発明などにより、平成末には日本人の平均寿命は約２倍の84歳まで伸びた。

さらに知識社会では、老化が予防され、ほとんどの病気が治るようになる可能性が高い。ほとんどの人が100歳くらいまで、身体も頭脳・精神も健康に生活できるようになる世界も近いだろう。

生体情報のデジタル化とAI活用

人のゲノムは30億対ものDNAが織りなす莫大なデータベースだ。1990年に始まった米国の「ヒトゲノム計画」では、このゲノム解読に13年を費やしたが、今では同じ解読が数時間で終わる。

また個人の運動量や睡眠状態、また心電図はすでにスマートウォッチで常時測定し収集できる。さらに血中糖度やホルモンなどの生理活性物質、また、マイクロRNAといった生体情報もリアルタイムに測定可能となっていく。

すでにAIは、問診での診断やCTやMRIの画像診断について、人間の医師より正確に診断を下すことができる。

さらに脳をコンピュータと接続する「BMI」(Brain-machine Interface)技術により、脳の詳細な活動を解読することも可能になる可能性が高い。

こうした膨大な生体情報を入手可能になったことで、医学は今まさにデジタルの世界に突入し、加速度的な進化を始めたところだ。

すべての病気が治り老化が防げる社会に

病気の治療面でも、この数年の医学の進歩は驚異的だ。

新型コロナウイルス対策にモデルナ社がワクチン開発に利用して注目されたメッセンジャーRNA（mRNA）技術は、多様な生体反応を制御することまで応用範囲が広がる可能性がある。

創薬についてもAIを活用することで、開発スピードを大幅に高めることが期待されている。

細胞3DプリンタとIPS細胞によって、自分の臓器を新たに製造することも可能となるかもしれない。

そして、遺伝子をほぼ自由に改変可能であるCRSPR-Cas9といった「遺伝子編集」技術は、医療のみならず生命のあり方を変える技術として精力的に研究が進められている。

また、生体情報の分析により個人毎に最適な「個別化医療」（Precision Medicine）が可能となり、ガンを含めたほとんどの病気を治療できることが期待されている。

さらに、今まで不可避と思われてきた老化も、メカニズムの解明に伴い、次第に治療すべき病気として認識されつつある。2050年頃には「老化」という病気が消滅し、100歳くらいまで健康を維持できる「不老の世界」が実現している可能性が高い。

このように医学の世界では、これから「妄想」がどんどん実現していく。

医療からヘルスケア産業へ

現在の医療は、体の具合が悪くなったら治療するという仕事だ。体の調子が良いときには、医療とは関係ない生活を送ることになる。

それに対してこれからの医療は「ウェル・ビーイング」、つまり身体だけでなく頭脳・精神の健康を、生活のあらゆる場面でサポートするヘルスケア産業になる。

たとえば、食品産業や外食産業はヘルスケアと密接な関係を持つだろうし、また仕事の人間関係や個人の生活もヘルスケアと関係してくる。

このようにヘルスケア産業は、知識産業を支えるインフラのひとつとして巨大化していく。

社会システムの進化も必要

24時間対応のAI診断アプリは、すでに英国や中国などで導入され、患者にも医師にも国（医療財政）にも大きな恩恵を与えている。

このように医療技術の進歩は、社会制度に組み込んでこそ大きな成果が得られる。

その一方で、現在の日本の年金制度は、男性の平均寿命が65歳だった1961年に導入されたものだ。元気な高齢者がマジョリティとなる社会で、彼らが価値創造に貢献する機会を失ったまま、ほぼ現役世代の税金で賄われる年金をもらい続けるという制度は維持できない。

マジョリティとなる健康な高齢者が前向きに活躍できる社会制度へといかに転換できるかが、社会の健全性や国の競争力を維持するための鍵を握ることとなるはずだ。

欲求段階の進化

知識社会においては欲求段階も進化する

社会の進化にともない、人々の要求も進化する。このことはアブラハム・マズローの提唱した「欲求段階」でうまく説明できる。

農業社会の生活は過酷だ。その時代の欲求は、生きるための食料と最低限の身を守れる家を求める「生理的欲求」と「安全欲求」が中心だった。

工業社会になり生産力が増えると、より多くのモノを持ちたいという「物欲」が爆発した。高度成長期には、たとえば隣の家がテレビを買ったら、自分の家でもテレビを買おうとする人が、バブル期にはブランド品を持つことで他人からの承認欲求を満たそうとする人が多かった。これは「所属欲求」と「承認欲求」に相当する。

しかし安全で快適な生活が普通になった知識社会では、物欲を超えた「**自己実現欲求**」と「**自己超越欲求**」が浮上する。それを体現するのが、ミレニアル世代であり、Z世代だ。

《社会の変化とマズローの欲求段階》

社会	マズロー	欲求内容	対応世代
知識社会	自己超越欲求※	社会への貢献（利他）	令和「Z世代」
	自己実現欲求	自分の可能性の追求	平成「ミレニアル世代」
工業社会	承認欲求	地位·金·ブランドの追求	昭和末「バブル世代」
	所属欲求	「良い会社」で安定した暮らし	戦後「団塊の世代」
農業社会	安全欲求	健康で文化的な最低限の生活	高度成長前の世界
	生理的欲求	生きるための食料の確保	

※自己超越欲求は、マズローが晩年になって追加したもの

Z世代の価値観に応えられる会社が成長する

知識社会の主役となるミレニアル世代とZ世代の価値観は、それまでの世代の価値観とはかなり違う。彼らの価値観や欲求に合うビジネスは伸びるし、そうでない会社は選ばれない。

1980～95年に生まれたミレニアル世代は「Me世代」ともいわれる。モノが溢れた時代に育った彼らが求めるものは、モノではなくて、自分らしい生き方を実現するという「自己実現要求」を満たすものだ。

そして、1996～2015年に生まれたZ世代は「We世代」ともいわれる。“自分らしく生きる”ことを全面肯定されて育った彼らは、すでに自己実現欲求を満たされている。世界の情報にも敏感なデジタル・ネイティブ世代であり、地球環境に対する意識も本気だ。Z世代が求めるものは、自分がハッピーになること以上に、社会の役に立ちたいという「自己超越欲求」を満たすものだ。Z世代のこうしたニーズに応えられる会社は、これからも成長していく。

「自己実現」を提供する産業

自己実現を提供する産業とは、自分らしい生き方を支える産業だ。

たとえば「観光、都市開発、美容・健康、文化・スポーツ、ペット」に関連する産業があてはまる。こうした産業は自分らしい人生を送ることを支援し、生活に潤いを与える産業だ。知識社会に生きる読者自身も、こうした「**自己実現産業**」に支出の過半を費やしているのではなかろうか。

人生のすべての過程で必要となる「教育産業」

たとえば自己実現産業のひとつである、教育産業を見てみよう。

農業社会の住民の大半は、教育とは無縁の文盲の農民だった。工業社会に入ると、文字を読めて四則計算ができる労働者を育成するために、国家が義務教育を推進した。

そして知識社会においては、高等教育こそが付加価値を生む源泉となる。

今ではMOOCsサービスで、世界最先端の大学講義の多くにほとんど無料でアクセスできる。知識社会の教育には、知識を習得することから、得た知識を創造的に活用すること、また他人と交渉し協力する方法を身につけ、幸せになることが求められるようになる。学習スタイルも反転学習や共同学習、またゲーミフィケーションなどが主流になる。

知識社会で価値を創造するものは“面白い”ものだ。面白いものが、選ばれる時代になっていく。遊びを通じて学び、仕事で遊びという価値を創造する。知識社会では「仕事と遊びと学びの三位一体」こそが価値を生むようになるのだ。

また80歳以上まで働くことが普通になると、仕事に必要となる知識を継続的に更新するために、生涯学び続ける「リカレント学習」が必要となる。

「自己超越産業」とは、SDGs産業

Z世代は、「自分らしく生きたい」という自己実現欲求の段階を超えて、

《SDGsの17の目標》

SUSTAINABLE DEVELOPMENT GOALS

「社会の役に立ちたい」と思う自己超越欲求を持つ世代だ。このZ世代の自己超越欲求を満たす、社会の課題を解決する産業が、「SDGs産業」だ。

SDGsとは、国連が2015年に定めた、2030年までに世界が解決すべき17の目標と169個のターゲットだ。あなたも見たことがあるだろう。

以前の国連は、こうした課題を解決するために国や企業に対して「援助」を求めてきたが、その成果は限定的だった。一方で、企業とはそもそも「課題を解決することで、その対価を得る組織」だといえる。そのため国連は従来の方針を大転換して、企業に対し「この課題を解決するビジネスをして、その対価として利益をあげてください」と言うようになった。これがSDGsだ。

つまり、SDGsとは未来の事業の宝庫だといえる。そして日本企業にはSDGsのテーマについて、世界に貢献できる会社がたくさんある。

あなたの会社にも、SDGs産業という新しい成長市場で世界の課題を解決しつつ、事業を成長させてほしい。

新しい階級差の発生と欲求の問題

工業社会では、高校を卒業した工場労働者や店員（ブルーカラー）と、大学を卒業した管理者や技術者（ホワイトカラー）が、製造業やサービス業という産業に就いて、生計を維持することができた。

しかし知識社会では、こうした職業の多くが機械で代替可能となる。知識社会で価値を発揮できるのは、才能と運に恵まれた創造性の高い一部の「クリエイティブ・クラス」となり、そうでない半数以上の人たちは、機械の能力に劣る「無用者階級」に区分されてしまうかもしれない。

社会の生産力は高まるので彼らが生活に困ることはないにせよ、彼らが自己実現欲求をどのように満たすかは、大きな課題となる可能性がある。

「ベーシックインカム」などの社会制度の設計や、農業社会から連綿と続いてきた「働かざるもの食うべからず」という価値観から、「働かなくても食える、楽しめる、幸せになる」という価値観へと、社会が転換していく必要があるかもしれない。

人口動態から読む未来

農業社会と工業社会で爆発した人口

技術と並んで社会を変える原動力となるのが人口だ。

農業社会の以前、世界の人口はせいぜい1000万人くらいだった。農業社会の始まりとともに次第に人口は増加し、1800年頃の世界人口は10億人ほどと約100倍にもなった。

さらに、工業社会化とともに人口は爆発的に増加し、この200年で世界の人口はさらに8倍に増えた。

農業革命と産業革命が生産力を向上したことの証左だが、この急増する人口が、大気や海洋の汚染や地球温暖化、また生物多様性の危機という形で、地球に大きな負荷をかけている。

《世界人口の推移(推計値)》

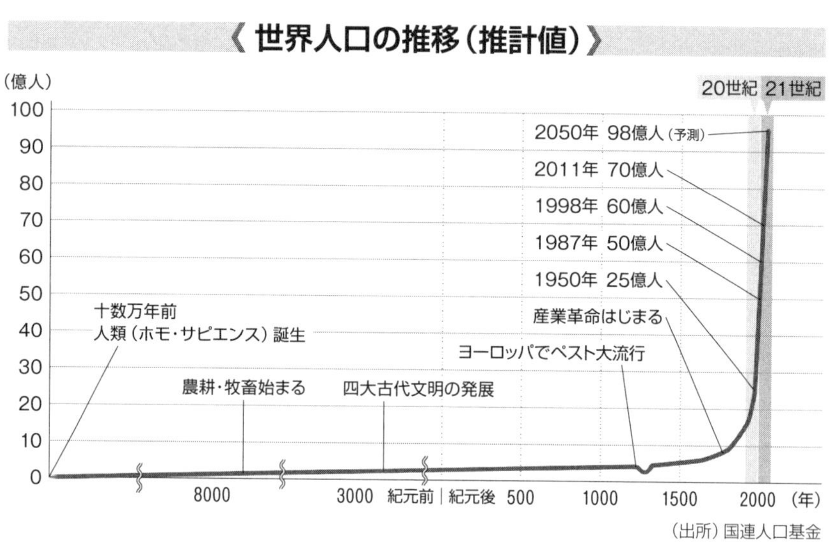

(出所)国連人口基金

知識社会で進む少子化と人口減少

知識社会では人口が減少していく可能性も高い。

農業社会では子供は労働力だ。また幼児死亡率も高いので、多くの子供を産むのが合理的だ。昭和元年の日本の合計特殊出生率は5.1もあった。

しかし、工業社会に入り都市化が進むと、子供は稼ぎ手から養育費をかけて育てる対象になる。また幼児死亡率も低くなり、少子化が進む。少子高齢化の最先端を行く日本の2021年の出生率は1.3ほどだ。日本は2008年から、中国でも2023年から人口減少が始まる。

今後の世界人口は、国連の中期予測で2100年に109億人でピークとなり、それ以後、減少する。またインドを含めたアジアの人口ピークは2050年で、今後の人口増の中心はアフリカになることが予測されている。

「人口ボーナス」と「人口オーナス」

人口の絶対数とともに、「人口ボーナス」と「人口オーナス」も経済に影響を与える。

少子化の初期には（扶養が必要な）子供も少なく、また（負担となる）高齢者もまだ少なく、かつ死亡率の減少で人口が増えるという「人口ボーナス」が出現する。人口ボーナス期には、個人消費が活発になり、インフラ投資や設備投資が盛んになり、技術開発も進み、所得も増加し、経済が急成長する。1960～80年代の日本の高度成長はこの人口ボーナスのお陰といえる。

ところが出生率が2.07を切る状態が長く続くと、生産年齢人口が減る一方で、高齢者が次第に増え、社会の負担が大きくなる。これを「人口オーナス（負担）」という。世界で最も高齢化が進む日本は、まさにこの人口オーナスに晒されている。

縮みゆく日本

日本の長期的な人口推移を見てみよう（下図参照）。

農業社会の日本は3000万人を養うのが限界だった。明治維新以後の工業社会への移行で、農業生産力が上がり人口は4倍に増えた。この人口増と人口ボーナスのお陰で、日本は先進国入りをし、経済大国となった。

しかし2000年頃を境に、日本は本格的な人口減に入り、人口オーナスにも晒されている。2050年頃には人口が2020年から20％減少し、また高齢化率も39.6％となる。国内市場全般が縮小することは避けられない。

たかだか20～30年先の人口予測は大きく外れようがない。国内市場の未来を予測する場合は、この「未来の現実」を受け入れたうえで、「ではどうするか」を考える必要がある。

《日本の長期人口推移》

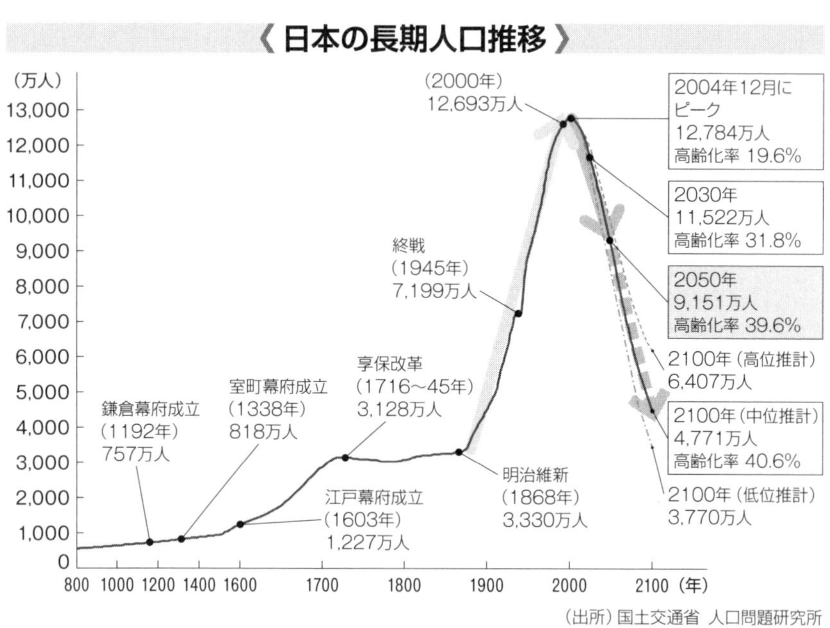

（出所）国土交通省 人口問題研究所

中国の高度成長のインパクト

1990年から2020年までの中国の超高度成長（50ページのグラフ参照）は、市場経済に参加したタイミングと人口ボーナスの時期が重なった賜物だ。文明開化と高度成長が一気に押し寄せたようなものだ。

この間の中国の人口増加は25％ほどだが、GDPは40倍にも伸びた。鉄鋼生産については、1995年までは日本が世界一の粗鋼生産量を誇っていたが、2021年の中国の粗鋼生産量は日本の10.7倍だ（出所：WSA）。情報通信機器の出荷額についても、2001年までは日本が世界一の座にあったが、現在では中国（香港・台湾含む）の出荷額は日本の21.0倍だ（出所：UNCTAD）。また、自動車生産についても、2008年には日本が世界一の自動車生産国だったが、2021年の中国の自動車生産台数は日本の3.3倍だ（出所：OICA）。

以前は遅れていた中国の高等教育も、現在では日本の10.5倍の科学系の学位取得者を、また日本の5.2倍の自然科学系の博士号取得者を生み出している（出所：いずれもNSF、2018年）。

高度成長は国の姿を変える。1980代の中国は世界最大の開発途上国だといえた。それが1990年代には日本企業の進出拠点として、2000年には世界の工場として台頭し、2010年代には世界最大の市場に、2020年代はデジタル先進国に変貌した。

「中国はまだたいしたことはない」という過去の「常識」はまったく通用しない。30年前はおろか、10年前の中国と今の中国でさえ、まったく別の国だと思ったほうがよい。まさに中国は「中国夢」というSFを実現したのだといえる。

経済大国となるインドと今後の経済規模予測

東南アジアでも、人口ボーナス期に入ったインドネシアとベトナムの高度成長が始まっている。特筆すべきはインドだ。高かったインドの出生率も、2021年に2.0に下がり、まさに高度成長が始まったところだ。インドの高度成長はあと20年は続く。20年後のインドは、今とはまったく別の国になっているだろう。

また、人口の多いパキスタンやバングラディシュ、またナイジェリア等のアフリカ諸国も次第に人口ボーナス期に入り、高度成長が始まる可能性が高い。

最後に、経済規模の国別ランキングの予測を見てみよう（下表参照）。これから存在感の低下する日本国内だけでなく、成長を続ける世界の市場にも目を向けていきたい。

《購買力平価による国のGDPランキング》

順位	2020年実績		2030年予測		2050年予測	
1	中国	24,255	中国	38,008	中国	58,499
2	米国	20,893	米国	23,475	インド	44,128
3	インド	9,005	インド	19,511	米国	34,102
4	日本	5,315	日本	5,606	インドネシア	10,502
5	ドイツ	4,560	インドネシア	5,424	ブラジル	7,450
6	ロシア	4,381	ロシア	4,736	ロシア	7,131
7	インドネシア	3,302	ドイツ	4,707	メキシコ	6,863
8	フランス	3,166	ブラジル	4,439	日本	6,779
9	ブラジル	3,152	メキシコ	3,661	ドイツ	6,138
10	英国	3,121	英国	3,608	英国	5,369

（単位：10億USD）

（出所）2020年は世界銀行（2020年基準PPP）。
2030年と2050年は"The World in 2050"，（PwC）2017（2017年基準PPP）

（参考）未来のリスク

客観的なデータを見る限り、人類の数万年の歴史の中で、現在が最も良い時代だ。それも、この50年の進歩は圧倒的だ。これからも未来は良くなっていくだろう。しかし、すべての地域ですべての時期の未来が明るいわけではない。当然ながらリスクも存在する。これらを乗り越えて、明るい未来を創り出そう。

●気候変動と自然災害

農業社会では気候変動が人口変動に直結した。こうした長期的な気候変動は、知識社会になっても温暖化であれ寒冷化であれ、大きな厄災をもたらす可能性がある。とくに地球温暖化がこのまま進むと、海面上昇により東京と大阪、世界の大都市が水没する可能性もある。また、将来的に水不足とそれにともなう食料不足が深刻化する可能性がある。

また、とくに日本では、東南海大地震などといった経済や社会に破壊的な影響をもたらす大災害が、近い将来に起きる可能性が高いことは覚悟しておくべきだろう。

●米中対立激化の可能性

新興国が今までの大国の地位を脅かすときに戦争が起きるという「ツキディデスの罠」が、米国と中国の間で起きる可能性もある。ただし、核兵器を持ち、経済的にも人的にも緊密に結びついた両国が直接戦争を始める可能性は低いが、代理戦争が起こる可能性は少なくない。

近い将来に台湾で危機が起こる可能性は低くないだろうし、その時の日本政府には、両国を手玉に取るくらいの外交手腕の発揮を期待したい。

第3章

STEP1:DREAM
未来を妄想する

本章から第5章にかけて、「未来創造」の具体的な進め方を説明する。第3章のSTEP1「未来を妄想する」から第4章のSTEP2「未来を構想する」、そして第5章のSTEP3「未来を実装する」まで、順を追って見ていこう。

各STEPで実際に検討する際は行きつ戻りつしながら進むが、その感覚も各章末に設けた「ケーススタディ」でつかんでいただけると思う。

STEP1では、まずは思い切り妄想を膨らませよう!

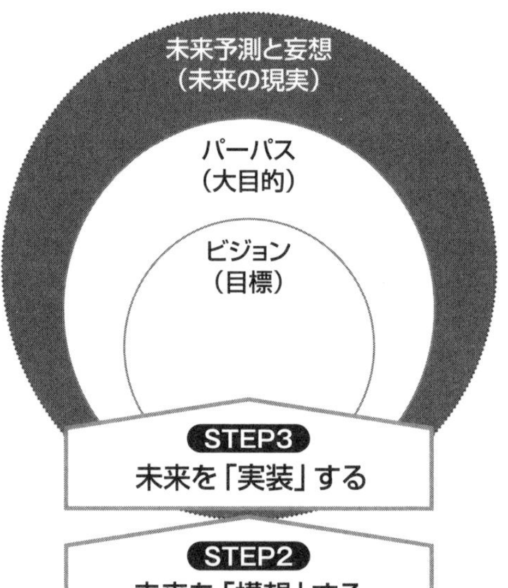

第3章

STEP 1-1:検討テーマを設定する
STEP 1-2:テーマの未来を調べる
STEP 1-3:未来を妄想する
STEP 1-4:今の現実も押さえる

第3章で学んだこと

伊藤さんのプログラムを終えた感想

STEP1の第3回目。前の2回の検討会はオンラインで、今回の発表がこのプログラムで初のリアルの会合だった。

坪川さんにも14年ぶりに会うことができた。

やはり、リアルだとスムーズに会話が進む。2030年頃の「メタバース」が本格的に使われている未来ではどうなっているかわからないけれど、今はまだ対面のほうが自分には馴染むな。

調べていくにつれ、今のスーパーという業態に未来がないことがハッキリと見えてきた。チームメンバーも最初は「どうしよう」と迷っていたけれど、先生からは「変化は仕方ない。変化を受け入れて、新しいチャレンジをどんどん考えてみよう」と言われた。気を取り直して考えてみると、チャレンジできることも多いと思えてきた。

話をしていてあらためてわかったのが、自分たち伊州屋のメンバーは伊州が大好きだということだ。いつもは恥ずかしくて口には出さないけれど、「豊かな伊州をつくりたい」と本気で思っている。

そうなると伊州屋の事業領域はスーパーだけではない。モビリティやエネルギー、観光とかいろいろありそうだ。

もう妄想が止まらないな。

STEP1-1

検討テーマを設定する

検討テーマは「未来社会」から考える

未来の検討テーマを考えるとき、前提とするのは当然、未来だ。「未来はこうなるから、自分たちはこういうテーマにしよう」と考えるのだ。

逆に自社起点で「自社の持つこの技術を将来何とか使えないか」と考えてしまうと、現状の延長線上になりがちで、良いテーマが出てこない。

未来のテーマは、未来の社会や産業から考えよう。

検討するテーマは、大きすぎると話がまとまらないし、小さすぎると面白くない。時間も3年とか5年先だと現状の延長になりがちだし、30年より先のことだと曖昧な話になってしまう。

テーマはたとえば、以下のような「粒感」で考えみるとよいだろう。

・20年後の移動と買物を中心にした市民生活
　➡高松市を想定して考える
・30年後のカーボンニュートラルと国内林業
　➡浜松市を想定して考える
・20年後の循環経済下の石油化学工業
　➡ポリカーボネート樹脂で考える

ぼやけた一般論にしないために、テーマは具体的な場所や、顧客やサービスなどを想定して始めるとよい。

最後まで特定の場所や顧客や製品にこだわってはいけないが、検討の入口はある程度、具体的に特定して考えないと「総論賛成の一般論」のまま検討内容がなかなか深まらない。

たくさんのアイデアから検討するテーマを選ぶ

「良いテーマが出せない」と悩む人も多いが、それは元になるアイデアの数が少ないからだ。

経験則的にいって、100個くらいのアイデアを出して、その中でテーマとして検討に値するのは２～３個くらいだ。まずはたくさんの、少なくとも100個くらいはアイデアを出そう。

そうするとまた「アイデアが出ない」と悩む人がいるが、それは「良いアイデア」を出そうとしているからだ。

「良いアイデア」など、そうそう出ない。アイデアの９割は捨てるのだ。未来予測をインプットして、いろいろ妄想を膨らませて、「くだらないこと」「できそうもないこと」を含めてたくさん考えればよい。

たくさんのアイデアを出したら、以下の３つで評価し検討テーマを選ぶ。

1）面白そうか？　自分がやりたいか？（WILL）
2）事業として大きくなりそうか？（SHOULD）
3）自社の優位性があるか？（CAN）

詳細な評価は今の時点ではできないのだから、直感的に3段階で「○・△・×」の評価をすれば十分だ。

評価するうえで最も重要な項目は「1）面白そうか？　自分がやりたいか？」だ。興味を持てないテーマは、どのみち続かない

また、2）の事業規模と、3）の優位性は、現在の話ではない。未来の話だ。現在の自社の技術では不可能だとしても、未来に実現できる可能性があるならば、それを評価すればよい。

検討するうちに、テーマが変わるのはよくあることだ。調べてみて、決めたテーマでの検討が難しそうだとわかったら、躊躇なくテーマを変えよう。創り出せる未来はたくさんある。早めに頭を切り替え次のテーマに変えて、新しい検討に移ろう。

STEP1-2

テーマの未来を調べる

妄想するにはまず「未来の現実」を知る

未来を妄想する前に、テーマの未来に関して基礎的な情報を集めよう。基礎情報を持たないままに考えた妄想は的を外した「妄言」になりがちだし、そもそも情報なしに妄想することは難しい。

「現実に縛られてしまうと妄想できない」と思うかもしれないが、それは「現実」ではなく「現在」に縛られてしまうからだ。

「妄想」とは、これから来る「**未来の現実**」だ。未来は現在の「常識」とはかなり違う。だからこそ、現在の「常識」を外して、未来の現実を「妄想」するのだ。

この「未来の現実」に関する基礎情報は、第2章でまとめたとおりだ。未来予測をインプットしたうえで、テーマについて調べてみよう。

まずはネットに当たる

調査の入口は、インターネットの検索だ。半日もネットを検索すれば、現在の市場の状況、関連する会社や競合しそうなサービス、業界の動向や課題など、基本的な情報にたどり着くはずだ。

ネット検索ではできる限り、官公庁や調査機関などの信頼できるデータ、また一次情報に当たってほしい。「すごい新製品が開発された」というニュースの元を調べたら、「技術研究に着手する予定」だったということも少なくない。

また、新しい話題の検索には、日本語だけでは限りがある。同じ内容で英語（英単語）でも検索してみよう。

ちなみに、ネット検索で得られる情報は、ほとんどが過去のものだ。未来を妄想するためには、得られた情報をそのまま使うのではなく、あくまで「妄想するための基礎情報と現状把握」というスタンスで考えよう。

本と資料を読み込み、人に当たる

テーマに関連する本や調査資料があれば、すぐに注文して読んでしまおう。また関連するセミナーがあればすぐに申し込んで参加してみよう。

ネットで集める情報は、どうしても断片的なものが多くなるが、本を読みセミナーを聴くと、体系的なストーリーが見えてくることが多い。

ただし、目的に合った本や、わかりやすい本ばかりではないし、セミナーも玉石混交だ。数冊買って斜め読みして「使える」と思った資料だけしっかり読み込めばよい。

詳しそうな人に聞いてみる

テーマに詳しそうな人がいれば、ぜひ話を聞いてみよう。社内の人でも友人でもよいし、セミナーや展示会の講師、また関連する本の著者やネット記事の書き手に、コンタクトするのもよいだろう。

もちろん、役立つ情報ばかり聞けるわけではない。人によって言う内容が違ったり、同じ情報に対して真逆の解釈がつくことも多い。しかし、いろいろな方向から話を聞いていくと、全体像が見えてくるはずだ。

大企業にいる方ならば、社内にテーマに関連する知見を持った人がいる確率も高い。過去に類似のテーマについて調査済みのこともあるだろう。まずは、関連しそうな部門に確認してみよう。

STEP1-3

未来を妄想する

「妄想」するのは未来の現実

この本でいう「妄想」は、合理的に考えた「未来の現実」だ。根拠もなく好き勝手なことを言う、いわゆる「妄言」とはまったく違う。

SFが実現した未来は、今の「常識」から考えると妄想に近い。しかし未来にその妄想の世界が来るならば、その妄想に合わせて自分たちを変化させる必要がある。妄想をせずに「常識」にどっぷり浸かったままだと、現実のほうが先に進んでしまう可能性が高いのだ。

過去や現在の柵(しがらみ)に囚われずに、思い切り未来を妄想してみよう。そしてそんな未来の中で、自分たちはどうすべきか「バックキャスティング」して考えるのだ。

自分がいる未来を映像イメージで考える

未来を創り出す主体は、あなた自身だ。

未来予測でインプットした情報は、いわば「他人ごと」の情報だ。未来の妄想は、客観的な分析で終わらせずに、「自分はこうした未来にいる、そこでこんなことをしたい」と、自分ごととして考えよう。

妄想する未来の中で、自分は何歳で、どんな生活をして、どんな仕事をしているのかを考えてみよう。できれば映像のイメージで、妄想を具体化し膨らませたい。映画監督になってあなたを主人公とした「SF映画」を撮るつもりで妄想してほしい。

妄想の9割は捨てるつもりで、ゆるくイメージする

妄想は仮説だ。いろいろ妄想して、納得感の高いものを、自分の未来として残せばよい。

未来を正確に予測することなど、どのみち不可能だ。STEP1では、未来の可能性をたくさん妄想して、その中から「これ面白そうじゃないか？」「いいじゃん？」というものを拾っていく。

いろいろ妄想して、その9割を捨てればよいのだ。

だから、「正しいことを考える」と最初から肩肘張らないで、ちょっとゆるい感じで、ちょっと甘めのイメージを膨らませてみよう。そのほうが往々にして、質の高い未来創造に繋がることが多い。

そういうものだと割り切って、自分ごととして思い切り妄想しよう。

妄想するときのポイント

「現在からの心配」はしない

真面目な人は「妄想」する中でも「これは我社で実現可能か」とか、「収益性はどう確保できるか」といったことを心配しがちだ。

しかし、実現可能性や収益性など、どのみちSTEP3になるまで見えてこないので、この時点で心配しても仕方がない。もしも、STEP3の検討で実現可能性がほとんどないことがわかったり、収益性の確保が非常に困難だとわかれば、また、このステップに戻って新しいアイデアやシナリオを考えればよいのだ。

こうした「現在からの心配」が入り込むと、未来を自由に妄想できなくなり、結果としてより良い未来を創り出せなくなってしまう。

まずは「**現在からの心配**」を忘れて、思い切り未来を妄想しよう。

自社起点でなく社会起点から考える

妄想は、自社起点ではなく、技術や社会の大きな変化から考えていこう。

自社起点で考えると、どうしても自社に都合のよい妄想を描きがちであ

り、またその妄想もたいして広がらない。

あなたの会社や組織も、いやでも技術や社会の大きな変化の影響を受ける。ならば、「社会は否応なくこう変わる。そのなかで自社はこうしたい」と考えよう。視点を高く、大きな社会の変化から未来を妄想しよう。

時間軸を確認する

たとえば、自動車の自動運転は20年後にはかなり普及しているはずだ。となると、30年後の未来に「自分で車を運転して荷物を届ける」というシーンを考えるのは非合理的だ。逆に、たとえば月への旅行は近い将来に一般人まで広く普及することは考えがたい。だから、「10年後に宇宙港から気軽に月に行ける」という未来も非現実的だ。

妄想は甘く、しかし未来の時間軸は合理的に考えよう。

シナリオ分析は必ずしもいらない

複数の未来シナリオを想定する「シナリオ分析」(シナリオ・プランニング)という手法がある。しかし、未来創造の妄想には、こうしたシナリオ分析までは、する必要はない(もちろん使ってもよい)。

ただし、このシナリオ分析がとても役立つ場面がある。「発生するとインパクトが大きい事象」への対処だ。たとえば、東南海地震の発生、米中経済摩擦の拡大、東南アジアでの疫病の流行などといった事象だ。

こうした事象は、いつかは起きるかもしれないが、いつどこで起こるかまではわからない。だから、こうした事象が起こったときにどう対応するかという「コンティンジェンシー・プラン」(緊急時対応計画)や、「BCP」(事業継続計画)を策定し、緊急事態に備えるという対策が必要だ。

このような形でのシナリオ分析の活用は、ぜひ考えてほしい。

STEP1-4 今の現実も押さえる

今の現実も押さえよう

未来を妄想する一方で、今の現実を知ることも大切だ。

妄想の検討を進めると、「そうは言っても、そんなことはできないよ」という声が出てくる。「実現にはこうした課題がある」と指摘してくる人や、「そんな荒唐無稽なことは考えるな」と否定してくる人も多い。

こうした意見は「未来の現実」を見る想像力が足りない場合も多いとはいえ、どんな大胆な未来を妄想しても、今の現実から出発するしかないことも確かだ。未来の現実を妄想するとともに、今の現実の課題も押さえよう。

この「**2つの現実**」については、「今の現実はこう」と「未来の現実はこうなる・こうする」を明確に区別して、頭を整理していこう。

今に引きずられずに、どう変えるかを考える

今の課題を知ると、いくら楽しく妄想をした後でも、「今まで夢を見ていた。現実には、こんなことは起こらない」と考えてしまいがちだ。

それは正しくない。今と未来は違うのだ。今は解決や到達が難しくても、未来には今より簡単になる場合も多い。

今の課題を知ったら、それを未来の現実に向けて解決するかを考えればよいのだ。もちろん、どうしても解決できそうにない課題も多い。考えている妄想が、実は未来にも実現できない「誇大妄想」だとわかったら、その場合は、迷わず妄想の内容を変えよう。

STEP1はオンラインで2回の検討会を行い、3回目の今回はリアルで集まって発表会をした。これが参加者のリアルでの初顔合わせとなった。さっそく、ここでの伊州屋とツボタの発表を聞いてみよう。

伊州屋の未来を妄想する

はじめして、関西から来た伊藤です。伊州市のスーパーマーケットの伊州屋の社長室長を務めております。(拍手)

今回はSTEP1のまとめとして、伊州屋の妄想した未来を説明します。

2050年の伊州屋を妄想する

私たちは2050年の伊州屋の未来を妄想しました。

その頃の伊州屋は、創業100年の老舗になっています。自分は長男ですし、三代目を期待されているのだと思って、そんな目線で考えます。

2050年には、自分は60歳、なんと還暦です。妻は59歳ですが、医学の進歩で見た目は30代のままの美人です（笑)。かわいい息子はもう31歳。伊州屋を継いでくれるのか、そこまではわかりません。

Step1-1｜伊州屋の検討テーマ

今回の検討にあたり、社員と議論してあらためてわかったのですが、みんな伊州が大好きなのです。そして、伊州屋は伊州とともに発展してきました。だから2050年でも伊州屋は、伊州を支える存在であり続けていてほしいです。

伊州市の人口が減るのは仕方ありません。でも、市民は豊かな生活を謳歌していてほしい。そのためには伊州屋は何でもやります。これは伊州市民としての願いでもあります。

テーマとしては、MaaSによる地域交通の維持とか、高齢者医療専門の大学の誘致とか、いろいろな案が出たのですが、テーマはあとで変えてもよいということなので、まずは観光事業、とくに「インバウンド観光」というテーマで考えようと思います。

観光産業は世界最大の成長産業だと先生に教わりました。そしてインバウンド観光は、なんといっても外貨を稼げます。豊かな自然に恵まれた伊州では、これを活用しない手はありません。伊州がインバウンド観光を通じて豊かになることを支えたい。そんな想いからこのテーマを選びました。

Step1-2 | テーマに関する調査

インバウンド観光に関する調査

インバウンド観光をあらためて調べてみると、大きな成長可能性があるのですね。自分の不勉強を恥じました。

世界の観光産業は1000兆円規模と、世界のGDPの１割を超える巨大産業です。コロナ禍で一時的に落ち込んだものの、年平均５％で成長しています。こうした世界的な旅行産業の成長の恩恵を受けて、また政府の政策もあって、日本のインバウンド観光も成長してきました。

日本の自然は、北はスキーリゾートから南はサンゴ礁まであります。島国なので山も海も近くて、温泉の数も世界一です。古い寺社仏閣など歴史的建造物もよく保存されています。和食は世界で人気があるし、ミシュランの星付きレストランの数で、東京・京都・大阪がトップ５に入るなど、食のレベルも高いです。夜中に女性が出歩けるほど治安もいいですし、そのうえ物価も安い。日本の持つ観光資産は、世界でもトップクラスだそうです。しかし、それが有効に活用されていない。観光客が増えたとはいえ、観光客受入数ランキングで見ると、コロナ禍前の2019年でようやく12位。アジアだと中国にもタイにも負けています。

まだまだ日本の観光産業は伸ばせるはずですし、とくに海と森が近い伊州市は、観光を将来の主要産業にもできるのではと思いました。

伊州市役所：伊岡さん

まず、伊州市の2050年の予測を高校の同級生の妹で市役所の企画課に勤める伊岡さんに聞いてみました。2050年の伊州市の推定人口は9万人、今から1割減って、高齢化率は4割近くなるそうです。かなり厳しい数字ですね。

今のままでは伊州市は衰退するしかありません。幸い観光業は高齢者でも十分働ける稀有な産業です。2050年までに伊州市を支える観光産業を育てなければいけません。伊州屋も積極的に協力したいと思います。

伊州市役所：伊賀課長

伊岡さんには、伊州市役所企画課の伊賀課長を紹介されました。伊賀課長は国土交通省から出向してきた方で、観光産業振興の話をすると、「私も着任してすぐに、伊州市の魅力は世界にアピールできると思いました。ぜひ進めていきましょう」と激励してくれました。

伊州市は今まで工場誘致などには力を入れてきましたが、これからは観光産業の振興に力を入れていきたいとのことです。国もインバウンド観光を後押しする施策を用意していますが、市にはまだノウハウが不足しています。伊州市をどうアピールすべきか、これから本格的に検討を始めるところだとのことでした。

伊賀課長が言うには、インバウンドが狙うべきは世界中を旅慣れた準富裕層だそうです。安いツアーで来るお客を集めても、観光地は疲弊するばかり。伊州市を選んでお金を落としてくれるお客から選ばれるための施策を打ちたい、とのことでした。

準富裕層の彼らは宿泊や食事で1人1日5万円から20万円ほどを使う、つまりそれだけのお金を観光地に落としてくれるそうで、これはたしかに魅力的です。またインバウンド振興をすると、実際に増えるのは日本人観光客のほうが多いそうです。海外の準富裕層からの目線でサービスの質を高めると、目の肥えた日本人のお客さまからも選ばれるようになるとのことでした。

また、日本は自然に恵まれている国なので、「自然が豊かで良いところです」というだけでは差別化できない。「伊州市ならでは」という、伊州を選ぶ理由をアピールすることが必要とのことでした。

この観光というビジネスを成功させるためには、「投資」と「マーケティング」が必須だそうです。どの客層を狙い、どんな価値を提供し、どうアピールするか、またそのためにどんな投資をするかを、ビジネスの文脈でしっかり考える必要があるそうです。

また伊賀課長からは、伊州市の地形から、掘削すれば温泉が出てくる可能性が高いとのことで、それをアピールできないか、などといったアイデアをいただきました。

伊賀課長の任期はあと2年だそうで、彼の在任中にいろいろ仕組みを作って動かしていきたいと思います。

▶伊州ホテル社長：伊原社長、伊原会長、伊原ジュニア

インバウンド観光にまず必要なのは宿泊施設だということで、伊州市を代表する伊州ホテルに話を聞きにいきました。伊州ホテルは、風光明媚な海岸沿いに立つリゾート風のホテルです。

伊州ホテルで実権を持つのは、伊原社長の父親である伊原会長で、もう90歳近い高齢者です。伊原会長から出てくるのは昔話、それも30年以上前のバブルの時代の話ばかり。考え方がバブル期のままで、ホテルの設備も当時からあまり改修されていないようでした。このままでは伊州市の観光産業は発展しないな、と残念に思いました。

この打合せには、伊原社長の息子だという若者も同席していて、私たちは「伊原ジュニア」というあだ名を付けました。打合せの後、その伊原ジュニアからメールが届きました。「自分はIT企業に勤めていたが、母親の願いもあって、先月このホテルのIT化を担当するために戻ってきたばかりだ。自分は海外をバックパックした経験もあって、伊藤さんの話を前のめりに聞いたのだが、父さんと爺さんの態度を残念に思った。その場では何も言えなかったが、伊藤さんには協力したい」とのことでした。

❯伊州DMOと伊州観光協会

ところで、伊州屋というスーパーが単独で観光事業を進めることができるわけではありません。どうしたものかと思っていたら、伊賀課長がDMO（観光地域づくり法人：Destination Management Organization）という組織を教えてくれました。なんでも「観光地経営」の視点に立って多様な関係者と協同しながら観光地域づくりをする舵取り役だそうです。DMOは、観光客に地域の魅力を伝えるマーケティングやプロモーションをしたり、データ分析に基づいてプロモーションし、また交通アクセスを整備したり案内マップを作るという仕事をするそうです。今回考えていることとピッタリじゃないですか。

観光協会がDMOの母体となることも多いらしく、伊州市観光協会にも行ってきました。

しかし、観光協会の会長は伊州ホテルの伊原会長で、事務局長は市役所の定年退職者でした。新しい仕事はしたくないという感じが、会話の端々にも見え隠れして、このままでは伊州市の観光産業は発展しないと、再び残念に思いました。

❯伊州ファーム：伊能さん

伊賀課長からは、「おもしろい農家さんがいる」と伊州ファームの伊能さんも紹介されました。伊能さんは、伊州市生まれの35歳の女性。東京で広告関係の仕事をしてきて３年前に実家の農家に戻ったそうです。

伊能さんは、農産物もブランド化して売らないとダメだと考えていて、農場に併設した小さな地場の有機野菜を扱うレストランを昨年オープンしました。週末だけ東京から伊能さんの友人のシェフが来て開くそのレストランは、オシャレなエコロジー系雑誌にも紹介されて人気となり、東京や大阪からもわざわざお客が来るそうです。

伊州ファームを訪問して、伊能さんに観光農業の話をしたら、「ようやく伊州市で話のわかる人を見つけた」と、とても喜んでくれました。こうした「食」も伊州観光の核のひとつにすべきものだと思います。

Step1-3｜2050年の妄想

では、2050年にワープして、そこで妄想した未来を語ります。

2050年、今のスーパーは消滅する

2050年には、生活や仕事のほとんどが家の中で済むようになります。そうなるとスーパーなんてもう誰も行きません。買い物は基本ネットで済ませます。

先生に教えてもらった、アマゾンの「Amazon GO」と中国のスーパーマーケット「フーマー」の話が衝撃的でした。高級食品スーパーのフーマーは、洗練された品揃えと、入荷即日にほぼ売り切るという鮮度を強みにしています。リアルな店舗はいわばショールーム兼倉庫で、ほとんどのお客はスマホで注文する。注文した品は店舗から30分以内に届くそうです。また、オペレーションは徹底的にデジタルで最適化していて、たとえば、お客の位置情報を見て帰宅するタイミングで個別のお客に最適なプロモーションをする、などといったことまでしているそうです。

こんな進化した店舗に、今のスーパーが敵うわけがありません。今のままどんなに頑張っても、伊州屋は存続できません。ここは関連する社員とも相当議論を重ねた結果、至った結論です。ちょっと悲しかったですがね…。

これから残るリアルな食料品店は、移動の途中に買い物をするためのコンビニ型店舗か、珍しい食材や美しい食器を並べるショールーム的な店になるかもしれません。だって、買い物って面倒ですからね。ワクワクする店以外、行きたくないですよね。

あと、料理をする機会も少なくなるはずです。毎日料理するのってけっこう面倒ですよね。未来の家庭の食卓は、1人ひとりの健康状態や精神状態に応じて、AIが最適な食材を選んで、ロボットが上手に調理したものが、注文後30分くらいで届く、という形になるでしょう。つまり、家庭が健康的なレストランになるわけです。家庭での料理は毎日の家事ではなく、創造的な趣味として残るでしょう。

私自身は、「こういう世界はちょっと味気ないなぁ」とも思ったのですが、妻に聞いたら、「こんな嬉しいことはない」とのこと。やはり当事者の意見を聞かないといけないな、とあらためて思いました。

2050年の伊州屋

未来の伊州屋は、ビールやトイレットペーパーといった日用品は扱っていません。ネット通販やコンビニの利便性には勝てませんから。野菜や魚といった生鮮食品と、地域特産や輸入食品といった特徴ある商品に特化しています。こうした商品を買うにはショールーム的なリアルな店舗も必要でしょう。伊州屋に残るのは、こうした「買い物する楽しみ」を提供できる限られた店舗だけになるでしょう。

「毎日買い物に出かける」という行動もなくなります。市民は気の合う友人と会って話すために街に出かけて、そのついでにオシャレな店舗に寄って、気の向いた商品を注文する。そして注文した商品は自動配送で自宅に帰った直後に届く。そんな生活スタイルになると思います。

まあ、SFですけど、こんな世界が実現するのだと思います。

2050年の伊州市の観光産業

次に伊州市の2050年について、観光産業の文脈で考えました。

伊州市の産業の主役は、2040年頃に製造業から観光産業に交代しました。伊州ホテルや観光農場には、eVTOL（電動垂直離着陸機）の飛行場が併設されて、関西空港から約30分で観光客がやってきます。

また、2020年の伊州市は車の多い産業都市でしたが、2050年の伊州市はまるでイタリアの古い街のように、街の広場に人が戻ってきています。

鉄道は2040年頃に廃線になり、昔の駅舎はシンボルタワーに改装され、駅前ロータリーは市民が集うスペースに変わりました。駅前商店街は自動車の乗り入れ禁止となり、気持ちのよいオープンカフェが並んでいます。市民は市内を多数走り回る自動運転の車で街に出ます。この静かで排気ガスもない電気自動車は、自然に街の中に溶け込んでいます。

街に出た市民は、気の合う友人と季節ごとの広場の風景を楽しみながらカフェやワイン、また伊州特産の日本茶や地場の日本酒、そして魚料理を楽しんでいます。

また2030年頃には、海岸沿いにテルマエ（温泉施設）もできました。

最初の試掘には失敗して大変だったようですが、２回目の試掘で見事炭酸硫黄泉を掘りあてました。テルマエでは最新の脳科学に基づくエビデンスのあるリラックス設備が人気です。ここに来ると体調が良くなると、毎月リピーターとして訪れる方も少なくありません。

観光にきた人たちは、昼間に体験農園や海釣りを楽しみ、またジオパーク・ハイキングやトレイルランで体を動かした後、テルマエでリラックスして、夕方に自動運転の車で街の広場に出かけます。海外の方、とくにアジアからの方も多いようですが、同時通訳で流暢な日本語を話しているから、日本人と見分けはつきません。

またその頃の伊州市は、リモートワークの人気の拠点にもなっています。１か月くらい古民家に泊まって、朝にサーフィンをして、昼は仕事を、夕方には街や海辺で寛ぐという若い人もよく見かけます。

こんな豊かな伊州市ができたらいいなぁと、妄想してみました。

Step1-4　実現に向けた現状の課題

では、再び現在に頭を戻します。

いろいろな人に話を聞きましたが、やはりＤＭＯを機能させることが鍵となるようです。ＤＭＯが市内の事業者や個人を結びつけて、魅力を的確に世界に発信してこそ、観光産業が成功するとのこと。

ＤＭＯは、国から予算を貰って他の自治体でもしていそうな企画を進める組織ではなく、意欲ある市民が集まってさまざまな企画を自主的に進めるための環境を作る役割も担う組織となる必要がありそうです。

ただし現在のＤＭＯは、うまくいっていないところも多いようです。やはりDMOを成功させるためには、さまざまなノウハウが必要なのでしょう。こうした知見は私たちにはまだ足りません。これから経験と勉強を重ねて身につけていきます。

ツボタの未来を妄想する

ツボタの坪川です。では、STEP1で妄想したツボタの未来を発表します。(拍手)

2050年、私は59歳。人生100年時代にはまだまだ若者です。プライベートでは、独身です。だって結婚するメリットって、ほとんどないですから。その頃には婚姻制度とか働き方とか相当変わっていないと、ほんと日本の人口は半減しますよ。あ、本題に戻ります。

2050年のツボタを妄想する

私たちは2050年のツボタを想定して、妄想を進めました。

その頃にはツボタも自律分散型組織になっていて、多くの社員が経営者として事業を運営しています。私は主に新規事業を担当しています。

坪田社長は85歳、まだまだ頭脳明晰です。2035年頃に年金制度の実質破綻とともに定年退職制度がなくなって、今は技術開発のアドバイザーとして第一線でご活躍です。日本のマジョリティは元気な高齢者なのですから、老化から解放された彼らには、しっかり働いてもらわないと。

Step1-1 | ツボタの検討テーマ

ツボタは医療機器用センサーのメーカーとして、今でもたとえば、血糖値や疲労物質の計測技術の開発に取り組んでいます。こうした新しいセンサーの開発は、本業で取り組めばよい話です。

このプログラムで考える新たな事業創造のテーマとして、たとえば3Dプリンタによる人工臓器の製造や、mRNAを活用した免疫プリンタの製造などいろいろな案が出ましたが、今回はブレイン・マシン・インターフェース（BMI）の領域で、脳の活動状態の計測とその活用をテーマに考えたいと思います。

2050年頃には、医学が進歩して、多くの方は100歳くらいでも肉体的には元気です。こうした長寿社会を幸福に生きるためには、頭脳また精神の健康を維持することがより重要となっています。そうでないまま長い人生を過ごすのって、地獄ですから。

私たちは、脳の活動状態を計測し、その活動をベストに維持することで、より幸せに生きることが可能になると思います。

最近の言葉だと「ウェル・ビーイング」に相当します。ウェル・ビーイングとは「肉体的にも精神的にも社会的にも良好な状態にあること」と定義されます。ツボタの検討テーマは、「脳状態の計測を通じてウェル・ビーイングを目指すこと」とします。

ツボタの創業理念とは、「測定を通じて世界をより豊かに幸せにする」というものです。いろいろ考えた結果、創業理念に沿った検討テーマになってよかったと思います。

Step1-2 ｜ テーマに関する調査

社内情報や公知情報へのアクセス

まずは本やネットを調べてみました。先生が言うように、医療の世界はこれから激変します。2050年から今の医学を振り返ると、ちょうど今の私たちが明治時代の医学を振り返るような感じになると思います。

（※ヘルスケア産業の変化については第２章で説明しているため、ここでは内容を割愛する）

社内では、研究開発本部の坪倉本部長に話を聞きに行きました。坪倉本部長は、ツボタもこれから新しいセンサー開発に本腰入れて取り組む、とのことで、蛋白質やmRNAのリキッドバイオプシー計測などのセンサー開発に向けてすでに開発に着手したそうです。あ、これはこの場限りでお願いします（笑）。

脳活動の計測技術

脳活動の計測には、磁気を使うfMRIや赤外線を使うNIRSや電磁波（脳波）を測るEEGといった装置があります。

一番手軽なEEGでも、脳波測定機器は大きくて無骨、電極コードをたくさんつけた巨大なヘルメットです。でもこれからどんどん小さくなっていくはずです。オシャレな帽子やヘッドバンドに、さらにはメガネの弦（つる）に電波センサーや赤外線センサーを埋め込んで、精度の高い脳波測定ができるようになればよいと思います。ここはツボタの技術力を活かせるところだと考えています。

今でも額に電極を当てて簡易的に脳波を測ることができます。たとえばこのMUSEというデバイスは、米国でけっこう売れていて、アプリもたくさん出ています。これですよ。伊藤さん、ちょっと測ってみませんか？（と伊藤さんの頭にMUSEを装着して脳波を測ってみる） ねっ、面白いでしょう？

また、イーロン・マスク氏は、脳内に電極を埋め込んでニューロンの活動を直接計測し制御するという、ニューラリンクの研究に着手しています。あの方の考えることは、いつも突き抜けていますね。

この分野の進歩は速いです。しかしまだまだ初期段階、今ならツボタも十分に参入できると思います。

脳活動情報の解読と制御

今では脳活動のパターンから喜怒哀楽の感情を正確に読み取れるそうです。嘘をつくとか倫理に反する行動、また性的な興奮なども特定の脳活動パターンがあって、相当わかるそうです。ちょっと怖いですね。

脳波などの脳活動だけではなく、声や表情からも、感情や幸福度をモニタリングできるそうです。すでにコールセンターなどでは、こうした感情計測システムが導入されています。

ちなみに、外部から脳に刺激を与える方法として、磁気を使うTMSや、微弱電流を使うtDCSやtACSといった技術がすでにあります。脳の正確な部位を刺激するといったことはまだできませんが、将来はこうした技術を脳活動の測定と合わせて、利用者を安全かつ確実に幸せな状態にすることができるかもしれません。

幸福と脳活動の関係

幸福学の第一人者の慶應義塾大学の前野隆司教授は、幸福の4因子として「自己実現と成長」「つながりと感謝」「前向きと楽観」「独立とマイペース」の4つの因子を挙げています。

この4つの因子を脳活動の状態からどう測定するのか、またどの因子が脳活動から推定できるのかなど、いろいろ考えることは多そうです。

また、幸福と健康の関係について、この分野の研究者である坪戸先生に話を聞きました。ちょっとメモを読みますね。

> 人の幸不幸は感情の持ち方で決まります。とくに怒りという感情は扱い方によっては人生を不幸にする要因にもなります。怒りを手放すためには自分の感情をモニタリングする必要がありますが、これが意外と難しいのです。
>
> 「私は怒ってない」と言いつつ、内心とても怒っていて、その怒りを外に出ないように隠してしまい、自分でもその怒りに気づいていない、という人も少なくないでしょう。
>
> 自分の怒りに気づき、怒りをうまく扱えることが、幸福になるための近道なのです。感情を制御する方法には、瞑想などいろいろな方法がありますが、まずは感情をモニタリングすることが必要です。
>
> こうして怒りをうまく扱え、無駄な怒りに振り回されない、感情を制御できるようになると、免疫機能も高まり病気からの快復が早まるはずだと、私は考えています。

ツボタも感情をモニタリングし、幸福度、つまり精神面での健康を高めると同時に、肉体面での健康レベルも高めたいと思います。

Step1-3 2050年の妄想

さて、ここからが妄想です。2050年頃のツボタは、脳の活動状態を計測して、利用者1人ひとりの状態に合わせて、幸福度を上げるための最適なサービスを提供しています。

たとえば、好奇心が低下していたら水彩画講座への申込みを、楽観性が低下していたらよしもと新喜劇の観劇を提案して予約する。自由の感覚が低下していたら、週末の会社帰りに自動運転のタクシーを手配して、「ぼっちキャンプ」に連れ出すというサービスを提供しています。もちろん、身体とともに精神にもよい食事メニューの提供もしています。

今だとSFですが、これって「未来の現実」だと思います。

Step1-4 実現に向けた課題

幸福度の定義

私たちは議論の中でよく、そもそも幸福度って何だろうという話に立ち返りました。人により幸福の形は違うのか、幸福度の要素をどう構成すべきか、個人の幸福と組織のビジョンの達成のどちらを優先すべきかなど、まだまだ議論しなければいけません。

技術開発

何といっても最大の課題は技術開発です。急速に進化するBMIの技術に、研究開発スピードが追いついていかなければなりません。

ツボタは化学センサーと電気センサーを両方持っている強みがあります。この2つを組み合わせればベストな診断ができると思うのですが、まだどうすればよいのかはわかりません。また、脳波と感情をどう結びつけるか、また感情をどうコントロールして幸せな状況にするかの研究も必要です。このために世界の最先端の研究室とタッグを組んで、研究開発を進めていこうと思います。

医療機器認可

医療関係機器ビジネスは、「医療機器認可」を取得するかしないかで、ビジネスの組み立てが大きく異なります。

医療機器認可を取得しないならば、一般消費者や民間事業者といった一般市場が対象となります。そうなると、なかなか高価な機械は売れません。

その一方で、医療機器認可を取得すると対象を医療市場にも拡大でき、価格設定の自由度も高まります。そもそも医療機器の認可を取らないと、一般市場でも生理的な効果や効能を謳うことはできません。

しかし、医療機器の認可を受けるには、機器のランクに応じた臨床治験が必要で、数年という時間や多額な投資が必要になる場合もあります。

今回は、医療機器認可を受けることを前提に、医療用と一般用の２つの市場を想定して検討を進めます。

米国スタートアップの調査

実はこの２週間ほど、米国東海岸のボストンにあるTSUBOTA Americaに出張していました。名門大学の多いボストン周辺には、医療関係のスタートアップが集積しています。出張ついでに現地の社員とそのうち数社を訪問したのですが、優秀な若者がどんどんスタートアップ企業でチャレンジしていく姿に驚きました。

マインドフルネスという言葉も米国ではよく見かけました。市場の急拡大のデータは事前に見ていましたが、やはり直接訪問してその熱気を肌で感じることとは違います。ただし、肝心のエビデンスについては、これから検討するという段階にある会社が多いようです。

すみません、まだまだ穴だらけです。でも現地の話を聞いて、あらためて「スピード最優先で走り抜けよう！」と思いました。

第4章

STEP2：DESIGN 未来を構想する

未来を創り出すためには、関係者を巻き込む必要がある。そのために必要となるのがパーパスという「大目的」であり、ビジネスモデルという「全体像」だ。本章では、パーパスをどう掲げ、ビジネスモデルをどう構想するかについて説明する。

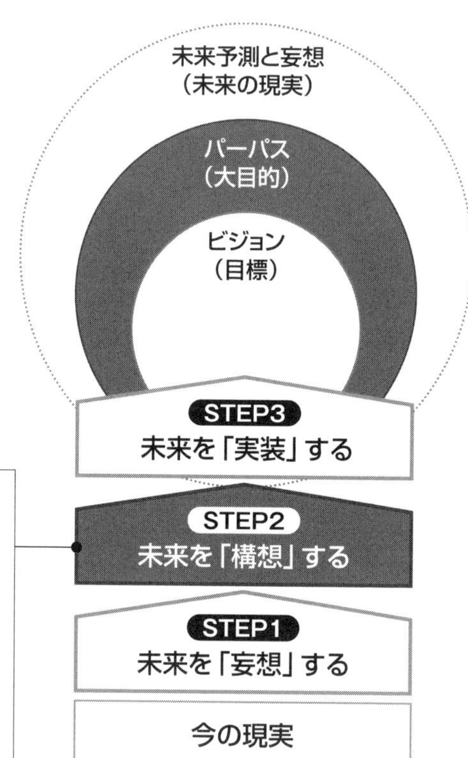

第4章

STEP 2-1：
パーパスを掲げる
STEP 2-2：
関係者を整理する
STEP 2-3：
ビジネスモデルを構想する
STEP 2-4：
収益の仕組みを考える
STEP 2-5：
事業規模を皮算用する

第4章で学んだこと

坪川さんのプログラムを終えた感想

STEP2では、STEP1で考えた「妄想」を「構想」に変換した。

妄想と構想の違いは、その具体性と分解能だそうだ。そしてビジネスモデルを作っていくためのツールを学んだ。

ふわふわした思いだった「妄想」が、具体的な内容を練り上げていくにつれて、現実的なビジネスモデルになっていくのは面白かった。

いろいろ調べたり、関係者の話を聞いていくと、最初はできると思っていたことが実は無理そうだったり、逆に考えてもいなかったアイデアが会話の中から出てきたりした。

それにしても、この構想を実現するには、いろいろな関係者を巻き込む必要がある。せっかくSTEP1でした妄想を、センサーの製造販売という小さな話で終わらせたり、関係者の間の利益の取り合いにしないためにも、ビジネスモデルの構想やオープン・クローズ戦略の検討は必要なのだなと思った。

STEP2-1

パーパスを掲げる

「パーパス」(大目的)で人を巻き込む

未来は自分たちだけでは創れない。自分たち以外の関係者を巻き込むために必要となるのが「パーパスという大目的」だ。

「未来を創り出す」と言うのは簡単だが、実行するのは大変だ。

そもそも最初は、思いはあっても、何をどうすればよいかがわからない。**批判する人は多くても、仲間となる人は少ない**。お金もなく、収益モデルも描けない。技術開発も進まず、サービスもなかなか始められない。社内での評判も最低だ。成功するまでには何度もめげる場面があるはずだ。

そこで、支えとなるのがパーパスだ。「大変だけれど、自分たちはこんな素晴らしい世界を創り出そうとしているのだ」と信じることで、自分も頑張ることができるし、また巻き込んだ人を勇気づけることができる。

人を巻き込むにしても、「儲けたいなら一口乗らないか？」という話ではなくて、「こういう世界を一緒に作ろう！」という話をするのだ。

未来を創り出すには時間がかかる。利益はすぐには出ず、数年は持ち出しが続く可能性が高いし、成功も保証できない。そんな苦労をしてでも「こんな世界を実現したいから、一緒にやろう」という志のある人や組織を巻き込んでいくのだ。

大きなパーパスほど大きなサポートが得られる

せっかくパーパスを掲げるならば、できるだけ大きなパーパスを描こう。といっても、「アポロ計画」を掲げる必要はない。関係者が集まればできそうなことではなく、それよりはもっと大きなパーパスを掲げるのだ。

仲間内でもできそうなことは、どうしても今見えている「こじんまりした話」で終わりがちだ。「いつもの面々」で考えても、たいした未来は創り出せない。
ちょっと勇気を出して、一歩踏み出したパーパスを掲げよう。

大きなパーパスを掲げるならば、できるかぎり大きな幅で関係者を考えてみよう。今まであまり付き合いのなかった関係者に話を聞いてみると、事業を結ぶ新しい繋がりが見つかることが多い。
必ずしも共感してくれる人に当たるわけではないし、むしろ否定的な反応をされることも多いはずだ。
しかし、いろいろな人と話をしていくと、意外なところからパーパスに共感してサポートがもらえたり、仲間になる人が現れたりするものなのだ。

自分自身が本気で信じられるパーパスを見つけよう

他人を巻き込むためには、「あなた自身がパーパスを信じている」ことが絶対条件となる。
巻き込む相手は「この人は本気なのかな？」ということを、つねに見ている。「ちょっとツラくなったら逃げ出す人かも」とか、「口先だけで、本気ではないな」と思われてしまったら、誰もついて来てくれない。あなたの本気度が試される場面もあるだろう。

とはいっても、あなたも最初から成功を確信することはできないはずだ。また、つねに信じ続けるのも不可能だ。思いが揺れることもあるだろう。しかし、「でもやはり、こういう世界を創り出したい」と立ち返ることができるパーパスは持ち続けたい。
実はこのパーパスは、最初は明確でないことも多い。検討を進めるうちに、しだいにパーパスが見えてくることも多いのだ。そんなパーパスを見つけだしていこう。

STEP2-2

関係者を整理する

関係者を洗い出し整理する

未来創造は、今の部門内や組織だけで完結できるものではない。社外と連携して進める必要があるはずだ。また連携する関係者も、営利企業だけでなくて、学校や病院やNPO団体といった非営利組織、中央官庁や市役所・町役場といった行政、国会議員や市議会議員、さらには地元商店街や自治会といった地域、また銀行やベンチャーキャピタル、国の研究機関や海外の標準化団体まで幅広い。

STEP1の「妄想」の中でどんな会社や組織が登場したか、またパーパスを実現するためにはどんな関係者が必要となるかを考えて、整理してみよう。その整理に使うツールが「**ステークホルダーマップ**」だ。

たとえば自動車業界の関係者を考えてみよう。今までの自動車業界の関係者とは、自動車メーカー、部品メーカー、系列の販売店、修理工場といった生産と販売に関わる会社だっただろう。

それらが電気自動車と自動運転を前提としたモビリティの世界になると、関係者は一気に広がる。そうした関係者を整理したステークホルダーマップは次ページ上表のようになる。また、ステークホルダー相互の関係は次ページ下図のように「ステークホルダー相関図」として図示できる。

ステークホルダーマップは、こうした「レイヤー」で区分する以外に、「サプライチェーン」の位置づけで区分するとわかりやすいことも多い。

たとえば「地産地消を３Ｄプリンタで実現する」というパーパスを掲げたならば、「事業企画、販売、製品デザイン、素材生産、印刷・製造、物流、決済、アフターサポート」といったサプライチェーンの上で、ステークホルダーを整理するのがよいだろう。

《ステークホルダーマップ(自動車業界の例)》

レイヤー	役割	関係者(例示)
移動制御	都市全体で移動を最適化する	トヨタ(Woven City)
エンタメ	移動中の映像や仕事などのコンテンツを提供する	SONY、Netflix、Disney
配車サービス	車を手配する	Uber、Grab、滴滴
自動運転SW	自動運転のソフトウェアや地図情報データなどを提供する	Google、Tesla、Croise、百度
自動運転HW	自動運転に必要となるセンサー等のデバイスを提供する	NVIDIA、SONY、Microsoft
自動車製造	自動車本体を製造し、販売する	トヨタ、GM、VW
モジュール	自動車部品を生産する	ボッシュ、マグナ、デンソー、日本電産
電池	電池を生産する	CATL、サムスン、パナソニック
充電インフラ	充電インフラを提供する	Tesla、電力会社

《ステークホルダー相関図(自動車業界を電池のレイヤーで示したもの)》

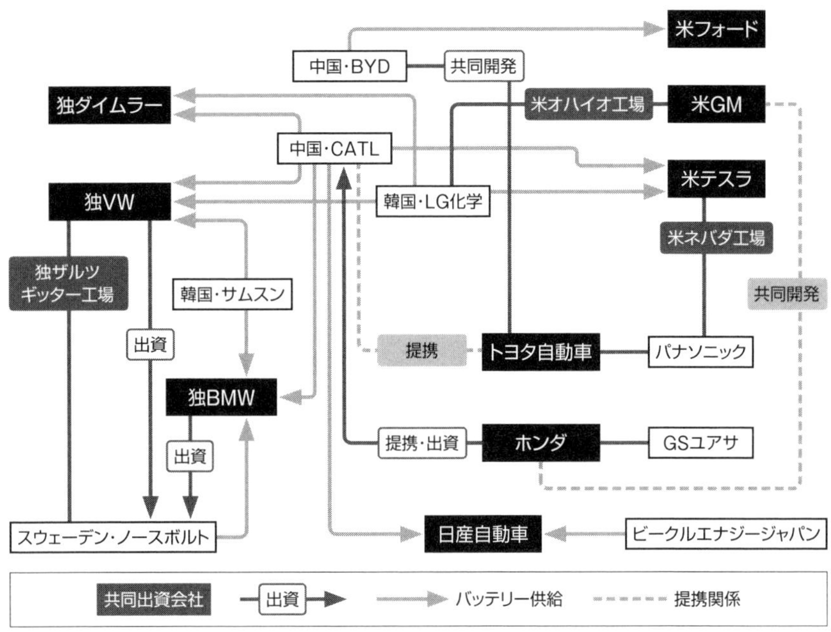

(出所)日経ビジネス(2021年2月8日)

未来のどの役割を担うか

関係者の位置づけが整理できたら、自社がそのどこを担うか考えてみよう。また、自社は誰と組める可能性があるか、どこと組まなければならないかも考えてみよう。

たとえば、トヨタの場合を例に考えてみよう。

トヨタは、今までのように自動車製造のレイヤーを担当するだけでは、モビリティの世界では小さなプレイヤーになってしまう。配車や自動運転を束ねる最上位のレイヤーである都市レベルの移動制御を押さえるものとしてWoven Cityのプロジェクトを位置づけているのだろう。

こうした組み方にはいろいろなパターンがあるし、相手の思惑もあるので、ひとつには決まらない。いろいろなパターンを考えて、状況に合わせて進め方を柔軟に変えていけばよい。

行政組織も仲間にしよう

パーパスを社会課題の解決とした場合、自治体や中央官庁といった行政組織との連携が必要となってくることも多い。

行政というと、どうしても監督側のイメージが強くて敬遠しがちだが、彼らは「国民を豊かに幸せにする」というパーパスを背負っている。また、規制等の現状維持ばかりがよいと思っておらず、より良い施策があれば推進したいと思っている人も多い。

そして何より、行政は「新しい仕組み」を作るパワーを持っている。

行政は、たとえば税制優遇や補助金、また国家プロジェクトや特区といった「政策ツール」を持っている。こうした政策ツールは、パーパスという「大目的」の実現にこそ活用したい。

より良い未来を創り出すためには、行政組織を仲間にすることも視野に入れて考えてみよう（行政との連携については155ページ参照）。

STEP2-3 ビジネスモデルを構想する

ビジネスモデルという「全体像」を描く

素晴らしいパーパスを掲げても、それだけでは利害が異なる関係者は動かない。仲間を動かすには彼らも同意するビジネスモデルという「全体像」もしくは「グランドプラン」が必要だ。

このビジネスモデルでは「どこで収益を上げるか」を見せる必要もあるし、「どこまでオープンに協力するか」で合意を取る必要がある。またお金ではない感情的な対立関係がある場合もあり、ひと筋縄では合意が取れない場合もある。

たくさんの仮説を考えて、実際に関係者に打診してみて、うまく機能するビジネスモデルを構想しよう。

すべての人がハッピーになる「全体像」を考える

こうした多くの利害が重なる組織を動かす原則は、このプロジェクトに関わるすべての人と組織が、このプロジェクトでハッピーになることだ。

いくつかの会社が利益を独占して、他の関係者にはたいしてメリットがないという自分勝手なビジネスモデルを描いても、うまくいくはずがない。

もちろんハッピーになる度合いは貢献度合いによって違うだろうし、必ずしも金銭的なリターンがなくてよい。名誉ある扱いを受けることが十分なリターンとなることも多い。

メルカリのビジネスモデル例

具体的なビジネスモデルの例として、メルカリを見てみよう。

メルカリというサービスのビジネスモデルに登場する関係者は、出品者と購買者という２人の利用者と、メルカリだ（出品者には古着屋などの事業者もいるが、以下、個人取引について話を進める）。

出品者にとっては、メルカリを使うとスマホで簡単に出品し、また出品を管理できる。買い手とは直接電話やメールを交換することなくスマホだけでやりとりできるし、売買のトラブルもほとんど避けることができる。そして、なんといっても、今までなら捨てざるを得なかったモノを、他の人に有効利用してもらい、お金まで入ってくる。これがメルカリの出品者に対する提供価値だ。

また、購買者にとっても、今までは高価な新品を買わざるを得なかったモノを安価な中古で、それもスマホに提示される豊富な選択肢の中から選んで、手に入れることができる。これがメルカリの購買者に対する提供価値だ。

メルカリは、こうしたサービスを実現するために、出品された中古品のデータベースを作り、それらを便利に検索し閲覧できるスマホアプリ、またお財布（ウォレット）を提供している。そして、出品者と購買者から売

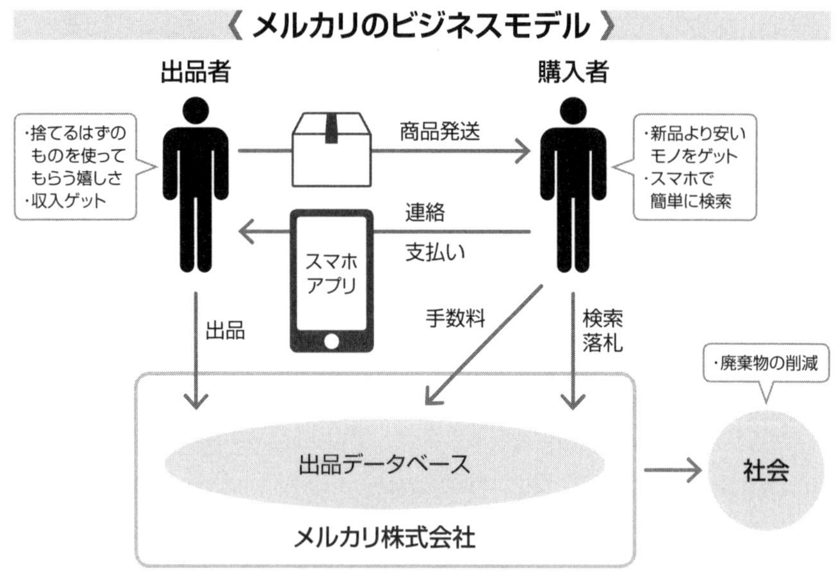

買金額の10%を手数料として得ることで、金銭的にもビジネスを持続可能としている。

メルカリは、今までなら廃棄物になっていたモノを有効資源として活用するという、社会にとっても新たな価値を提供している。

このようにメルカリのビジネスモデルは、出品者、購買者、自社、さらに社会という、関係者すべてをハッピーにするものだ。

メルカリが、2013年の創業から約10年で1470億円（2022年6月期）という売上高まで成長し、また時価総額も１兆円を超える評価を得ているのは、このようなビジネスモデルを構想し、また実装したおかげだといえる。

何枚かのビジネスモデルを描いておこう

ビジネスモデルも仮説だ。最初から１つのビジネスモデルに絞り込んでしまうと、その仮説が頓挫した場合に軌道修正するまでに時間がかかる。そして、往々にして自分の思いどおりに物事は進まない。

もちろん皆がハッピーになる素晴らしいビジネスモデルと、そうでもないものの違いはある。しかし、「このビジネスモデルがダメだったら、次はこれでどうだ！」という選択肢をつねに持ちながら、すべての関係者が納得するまで、気長に構えて進めたい。

ビジネスモデルの中で、収益の仕組みを考えるときに押さえるべきポイントとして、「フックと回収エンジン」と「オープン・クローズ戦略」がある。それぞれ次項で簡単に説明しよう。

STEP2-4

収益の仕組みを考える

「フック」と「回収エンジン」

ビジネスモデルの中で顧客に提供する魅力を「**フック**」（釣鉤）、利益を生む仕組みを「**回収エンジン**」という。

たとえば地上波のテレビ局やYouTubeやTikTok等の動画配信を考えてみよう。テレビや動画を見るのは番組や映像が面白いからだ。ところがテレビ局もYouTubeもTikTokも番組を無料で流している。彼らの収入源は画面に割り込んで来る、もしくはクリックされるリンクからの広告料金だ。

つまり彼らの「フック」は番組であり、「回収エンジン」は広告だ。それぞれ担当する部門は制作部と広告部と異なるが、テレビ局やYouTube（運営はGoogle）やTikTok（運営はByteDance）という同じ組織の中ならば利益は1つの組織で共有できる。

ところが、複数の関係者が絡む場合、フックと回収エンジンを担当する会社や組織が異なる場合が多い。複数の組織の間で、このフックと回収エンジンの関係を上手に作ることが、ビジネスモデルを構想する鍵となる。

回収エンジンを作ってフックでお客を集める

お客を集めるのはフックのほうだ。どうしても「魅力あるフックをいかに作るか」の議論が多くなりがちだ。

しかし、フックでお客をたくさん集めても、お金を回収する仕組みがなければ事業を継続できない。またフックの賞味期限は短いことが多く、競争も激しい。

そして、フックの魅力に対してお金を払うだけのビジネスモデルだと、フックを提供する会社で完結してしまい、それ以外の関係者がなかなか潤わない。フックと回収エンジンは、できるだけ離れているほうが、たくさんの関係者が潤うビジネモデルを作ることができる。

安定した利益を確保するためには、安定した回収エンジンが必要だ。フックの内容を考える前に、回収エンジンの仕組みを作っておこう。先のテレビや動画配信に喩えると、スポンサーから広告料金をいただくという課金の仕組みを整えたうえで、番組内容で他社との視聴率競争をすべきであり、その逆ではない。

オープン・クローズ戦略

関係者を集めて事業を進めるには、また関係者を広げ事業を拡大するためには、関係者の間で情報やノウハウを共有しなければいけない。しかし、すべての情報やノウハウを共有してしまうと、自社の優位性は失われる。

情報やノウハウをどこまで共有しどこから秘匿するかを考えるのが、「オープン・クローズ戦略」だ。

有名な例に、インテルのオープン・クローズ戦略がある。インテルは、パソコンを作るベース基盤であるマザーボードの規格を公開した。その結果、AcerやASUS、Lenovoといった中華系企業などがマザーボードの製造に参入して、マザーボードは一気に安くなって世界に普及した。

その一方で、インテルはマザーボードの心臓といえるMPUチップの技術仕様は公開しなかった。こうしてインテルは、規格をオープンにすることで新しい企業を仲間に加え、市場を一気に拡大した。そして、クローズしたMPUで自社の利益を守ることができた。

どこまでオープンにし、どこからクローズにするかを、あらかじめ決めておくと、関係者が技術流失などを心配することなく、広くお客を集めることができる。

この意味では、フックはオープンに、回収エンジンはクローズにするのが基本と考えてよい。

STEP2-5

事業規模を皮算用する

構想全体の事業規模を皮算用する

次は、この構想が全体としてどのくらいの経済効果を生むか試算してみよう。自社の売上でなくて、この構想全体でどのくらいの経済圏が生まれるかを試算してみるのだ。

大きな経済圏を育て、自社はその経済圏の成長とともに成長する。そんなイメージで未来を捉えたい。

たとえば、電気自動車ならば、配車サービスやエンターテインメントの提供といった「新たに生まれる経済圏」を含めた規模感を考えてみよう。電気自動車というハードウェアの売上よりも桁がいくつか多い規模感が見えてくるはずだ。

まだ構想の具体的な内容が煮詰まっていなくても、「桁が合っていればOK」と思って試算すればよい。たとえば、「3000億円の経済圏を作れるかも」、そのなかで自分たちの事業規模は「まあ100億円規模かな？」などと考えるわけだ。まだ夢物語に近い皮算用とはいえ、こうした桁数が見えると、構想の現実感も増すはずだ。

皮算用するのは「未来の市場規模」

ここで間違えがちなのは「現在の市場規模」で試算してしまうことだ。

今の市場規模がたいしたことはなくても、未来に拡大するからこそ、この検討を進めるのだ。

たとえば、「国内の電気自動車の販売台数は約2万台（2021年度）しかない。だからこの市場は魅力がない」と結論づけると、2030年頃には世界で数千万台売れているはずの電気自動車関連の市場をみすみす取りこぼす。

現在の市場規模でなく、「妄想」の実現した「未来の市場規模」で考えよう。

小さくはじめて「スケール」する

最大の事業規模を皮算用したところで、最初からそんな大きな事業が誕生するわけではない。1000億円を目指すビジネスも、最初の年次の売上は数百万円しかない、というのはよくあることだ。

重要なことは、そのビジネスが「スケール」、つまり拡大するかということだ。スケールする道筋が見えれば、100万円が1000億円になる可能性がある。しかしその道筋が見えなければ、100万円は100万円で終わる。

事業をスケールする基本は、同じサービスを他の顧客に対してコピーして提供する「横展開」が基本だ。

事業をスケールさせるストーリーは、最初から未来構想の中に仕込んでおこう。

特定の顧客から入って「横展開」する

事業をスケールさせる場合、最初は尖ったニーズを持つ特定の顧客、または特定の地域などの限られた市場で仮説検証を繰り返して、そこで完璧度の高いサービスを提供する。そしてそれをコピーする形で横展開するのが基本だ。

たとえばフェイスブックは、最初はハーバード大学という小さな市場でテストを繰り返し、製品やサービスの品質を高めた。そして次に同じボストン地域の大学に、そして全米の大学に、次に広く全国に、さらに全世界にと展開したのだ。

最初からいたずらに市場を広げず、まずは特定の市場の顧客を十分に満足させる魅力的なサービスに仕立てあげ、そこから横展開していきたい。

仮説検証の進め方

仮説の妥当性と分解能を高める

STEP1で描いた妄想を現実的な構想に仕立てていくSTEP2の作業では、ビジネスモデルの仮説を確かめて、その妥当性と分解能を高めていく「仮説検証」が中心となる。

STEP1で妄想した内容は、いわばフワフワした夢物語だ。方向性は合っているかもしれないが、たいていは状況認識が甘くて、間違っている内容も多い。

関係者が納得して合意する構想を創り出すためには、今の現実を、数字を含めたファクトとして押さえ、そして、技術や社会の変化を現実的なシナリオに落とし込む必要がある。

もちろん、現実的＝現状追認、というわけではない。今は出現していない「未来の現実」を踏まえてこそ、正しい仮説ができる。

「現場・現物・現実」で仮説を検証する

ネット検索やレポートといった調査は、あくまで間接的な情報だ。

ネットの世界になっても、とくに新しいものについては「百聞は一見に如かず」という言葉は真実だ。たとえば、ガラケーしか知らない人にスマートフォンの新しさを説明してもなかなか伝わらないだろう。実際に現物を使って、体験してもらうのが一番だ。

また、ごみ処理や資源開発といった大きな課題を考えるためには、ぜひ現場に足を運ぶべきだ。ネット等で調べた資料も、実際に規模感を体験することで、「自分ごと」としてより深く理解することができる。

海外市場の開拓を考えるには、東京の空調の効いたオフィスでいくら製本された調査レポートを読んでも、現地を理解できない。基本情報をインプットしたうえで、実際に現地に行って、体験してこそ現地の真のニーズがつかめるし、理解できるのだ。

このように、「**現場・現物・現実**」を知ったうえで、いろいろなデータを見ると、現実感のあるシナリオを考えることができる。

「調査の費用より、旅費を使え」という言葉がある。そのとおりだと思う。自分で直接体験して確かめた情報には、それだけの価値があるのだ。

人に会って話を聞け。同志を見つけろ！

仮説を作り、また検証するための一番の情報源は「人」だ。

自分１人で、またはいつも一緒にいるチームの仲間といくら考えても、行き詰まることは多い。そんなときには外部の人の話を聞いていこう。

社内に関連する部門があれば、真っ先に聞きに行こう。またテーマに関連する本や記事を書いている人にコンタクトを取ってみるのもよいだろう。

顧客に相当する人が身の回りに居そうなら、すぐに聞いてみよう。たとえば高齢者向けのサービスならば、まず話を聞くべきなのは（ご存命ならば）自分の両親や祖父母だ。関連する業界に友人がいるなら、久しぶりにでも連絡してみよう。

また、たとえば障害者に対するサービスを考える場合、社内のイントラネットで問いかけてみると、意外なほど多くの社員から反応があることもある。

さらに、ビザスク（VisasQ）などのサービスを使えば、かなり特殊なケースでも話が聞ける。

いろいろな人に話を聞いて、また自分たちのパーパスやアイデアを伝えていくと、パーパスに共感して、適切な方に繋いでくれる人も現れる。そうした方には、これからも「同志」としてアドバイスをいただける協力関係を築きたい。そして彼らの期待と応援に応えるためにも、頑張るのだ。

STEP2のケーススタディ

STEP2では、オンラインの検討会を2回実施し、今回の3回目はリアルでの発表だ。では、STEP2の発表の様子を見てみよう。

伊州市の観光の未来を構想する

お久しぶりです。伊州屋の伊藤です。伊州のインバウンド観光振興というパーパスを掲げて、DMOを設立しようと、この3か月ほど、いろいろな人にお会いして、話を聞いてきました。

話してみてよくわかったのですが、みんな伊州のことを愛しているのですよ。ただ、それを表明する機会がなかなかない。いや、こういう自分自身も社員には売上高と利益の話しかしていないので反省しています。

パーパスという思いを掲げて伝えることの大切さをあらためて感じました。また、パーパスを伝えれば、それに共感する同志が得られることもわかりました。

ところで、この研修プログラム中に、大変な事件が起きたのはみなさんご存知のとおりだと思います。伊州ホテルの伊原社長が、従業員に長年パワハラをしていたことで訴えられました。証拠も残っていたらしく、社長が辞任し、伊原会長も同時に引退しました。そして、若い伊原ジュニアが急遽新社長に就任しました。伊原ジュニアは、この事件では従業員の側に立ったので、社長就任は従業員全員から支持されたそうです。まだ大変な状況とは思いますが、これからの伊州ホテルの変化が楽しみです。

この騒動が一段落したら、伊原ジュニアには新しく作るDMOの理事長として、伊州市の観光振興の最前線で活躍することを、勝手にですが期待しています。

Step2-1 ｜パーパス：観光を通じた伊州市の発展

今回調査を進めて、高齢化が進む伊州市民が豊かに暮らし続けるためには、伊州のインバウンド観光を推進することが必須だと確信しました。

そこで今回、掲げるパーパスは「伊州にインバウンド観光産業を創り出し、より豊かな伊州の未来を作る」ということにしました。このパーパスを伝えつつ、同志を募っていきました。

Step2-2 ｜関係者を整理する

伊州DMO：伊藤、伊原ジュニア、伊能さん、伊岡さん

DMOの設立については、伊原ジュニアがフルに動けるようになるまで、ここは言い出しっぺでもある自分が中心になって動かなければなりません。農家の伊能さんも、DMOのメンバーとして参加してくださるそうです。あと、伊賀課長の指示で部下の伊岡さんも事務局を手伝ってくれることになりました。

伊州の関係者：伊澤さん、伊豊さん、伊森さん

その他に、伊州で新たな観光産業を作るために、協力してくれそうな方に声をかけていきました。観光産業は、いろいろな人が関係する裾野が広い産業だとわかりました。でも、関係者全員を動かすのは無理ですから、「動く人から動く」という方針で考えたいと思います。

まず伊州の街を居心地よくするために、商店街にも働きかけできないかと考えていたら、市役所の伊賀課長から、伊州青年会議所の若手リーダーの１人である伊澤さんを紹介されました。

彼は都内の外資系企業で働いているのですが、「今は世界どこでも仕事ができるから」と、伊州市でのリモート勤務を選択して戻ってきたイケメン君です。彼は伊州駅前商店街の空いた店舗を仕事場にしていて、そこで開いたオシャレなカフェには、若い人たちが集まっています。

彼は東京でDJをしていた経験があって、伊州市の夜を楽しくする「ナイトタイム・エコノミー」を推進したいという思いを持っているとのことでした。

また、農家の伊能さんの紹介で、人材育成の仕事をしている伊豊さんにも会いました。欧州のMBAを持つ伊豊さんは、世界各地で仕事をするにつれ日本文化を学ぶ必要を感じたそうで、今は茶道と剣術という文武両道を学んでいるそうです。日本文化の伝道師となることが夢だそうで、伊州の古民家合宿で武士道を伝えるというアイデアに、とても乗り気になってくれました。

さらにネットを検索すると、伊森さんという方が伊州の海釣り投稿で多数のフォロワーを持っていました。彼は経営していた自分の会社を売却して、今は東京と伊州市との２拠点生活をしています。インバウンドの海釣り企画については、伊州の魚の美味しさを世界に広められるなら、全面的に協力したいとのことでした。

いや、伊州にはいろいろな人がいます。DMOとしても彼らの才能や思

《ステークホルダーマップ（未来の伊州市の観光産業）》

レイヤー	関係者	役割
コンテンツ企画	伊州DMO（伊藤、伊岡さん）	DMOのまとめ役としてさまざまなコンテンツを企画する
プロモーション	伊州DMO（伊能さん、伊岡さん）	旅行代理店に対する営業、ウェブサイトの運営
旅行代理店	JTBや楽天トラベル・じゃらん、Booking.comなど海外OTA	国内・欧米・アジア・中国での販売：共同企画と販売窓口
宿泊施設	伊州ホテル（伊原ジュニア）、民泊、また既存のホテルや旅館	海外の顧客に満足してもらう宿泊体験の提供
飲食施設	伊州商店街（伊澤さん）	居心地の良さを伝え「ナイトタイム・エコノミー」を推進する
観光農場	伊州ファーム（伊能さん）	農業体験と農作物を使った食の体験
個人や単独事業社	日本文化（伊豊さん） 海釣り（伊森さん）など	特定のニーズを満足させるコンテンツを提供する
行政	伊州市役所（伊賀さん）	政策との繋ぎ

いを世界にアピールしていきたいです。

あらためて、肩書や役職でなく「誰とやるか」が大事だとわかりました。パーパスを共有する「同志」と組んで、動き始めたいと思います。 気づいたら自分を含めて「同志」はみんな、伊州市にずっと住んでいる人でなく、一度は外に出た若い人ですね。やはり外部の視点で見るからこそ、伊州の良さがわかるのだと思いました。

Step2-3 ビジネスモデルを構想する

芸文大学の伊社教授

テーマが決まった後、研修講師の先生にインバウンド観光の第一人者である芸文大学の伊社教授をご紹介いただきました。伊社教授は、伊州市の観光の可能性を直接確かめたいと、わざわざ伊州にいらして各地に足を運んでくれて、その後に伊州ホテルで話を聞きました。

伊社教授も、インバウンドを成功させる鍵を握るのは、差別化できるコンテンツと、それを誰にどうアピールするかだと力説されました。そして、伊州をアピールするためのアイデアもたくさんいただきました。

しかし、同席していた伊州ホテルの伊原会長は「そんな夢物語は無理だ」と言うばかりで、ぜんぜん話が進みません。後で伊原ジュニアに話を聞くと、「自分は伊社教授の意見に全面的に賛同だけれど、爺さんが会長の間は話が進まないだろう」と悲観的でした。

そんな話の直後に今回の事件が起こったわけで、とても驚きました。

コンテンツの企画と提供

インバウンドには宿泊施設は不可欠です。幸い伊州ホテルはバブル期に広くて余裕のある設計をしたそうです。伊社教授の見立てでは、改築までしなくても、大規模改装をすれば海外顧客のニーズを満たす施設として十分使えるのでは、とのことでした。とくに海を見渡せるバスルームは、アピールできる価値があるとのご意見でした。

また、伊州での滞在を価値あるものとするコンテンツも必要です。伊州の海と山は素敵なのですが、日本には同じように素敵なところはたくさんあるので、それだけでは差別化できません。

差別化するひとつの要素が温泉だと思います。単なる温泉でなくて、疲労回復やリラックス効果があり、そして幸福になることが科学的エビデンスに裏付けられた温泉をアピールしたいです。ツボタさん、ここは協力よろしくお願いします（笑）。

そのうえで、滞在を楽しめるコンテンツとして、トレッキングや農園体験や海釣り体験、その後の食事とかもアレンジしたいです。観光産業を成功させるには、季節による観光客数の変動を少なく抑えることが必要だそうで、一年中人を呼び込めるコンテンツを用意しようと思います。

あと、議論してあらためて気づいたのですが、私たちが伊州を好きである一番の理由は、伊州が居心地のよい穏やかな街だからです。

この居心地のよさを訪問客にも感じてもらいたい。そのためには市役所や商店会の主導で一時的なイベントを計画するというよりも、パーパスに共感する若い世代があちこちで街全体を盛り上げていくのがよいと思います。伊州DMOもそうした人たちをサポートする仕組みを作りたいです。

プロモーション活動：海外OTAの伊瀬社長

魅力的なコンテンツの用意と並行して、海外に伊州市の良さを伝えなければいけません。これがDMOの最大の仕事です。

プロモーションには、伊州DMOのウェブサイトを充実させるのは当然のこととして、旅行代理店の開拓が必要です。旅行代理店というと、日本国内だとJTBや日本旅行ですが、インバウンドだと欧米系なら「Booking.com」、中国系なら「Trip.com」に代表されるオンライン旅行代理店（OTA）が該当します。

彼らに対し、伊州市の魅力をどうアピールすればよいかと悩んでいると、たまたま農家の伊能さんの広告代理店時代の元上司が、今は外資系OTAの日本代表をやられている伊瀬社長という方でした。オンラインで話した伊瀬社長にも、たくさんのアドバイスをいただきました。

たとえば、旅慣れた人には、お仕着せの定番コースには興味を持たないので、個人のニッチな興味にアピールする必要があるそうです。また旅行目的も、ひと昔前なら有名観光地を訪問するということでしたが、今ではSNSで繋がった人やイベントを訪問するという、個人単位の旅行にシフトしつつあるそうです。また今では、観光地の情報をスマホのSNSで知って、そこから直接スマホで予約する方も増えているそうです。

やはり海外の若い世代のニーズや動向は、日本にいてはわかりません。すごく勉強になりました。こうした顧客動線の中で、伊州市の魅力をアピールして、訪問に繋げる必要があります。

最初は、有名なユーチューバーとかKOL（Key Opinion Leader：影響力ある人）を起用してはどうかとも思ったのですが、調べてみるとけっこう費用もかかるようです。そんなお金をかけずとも、たとえばDMOがサポートして、伊州市の個人がTikTokなどに観光投稿をあげるコンテストを開くといった取り組みもよいかもしれません。このように、スマホを持っている伊州市の住民は全員が個人DMOになることもできるそうです。

また伊瀬社長からは、市内に何十件も残っている古民家を民泊に転用するというアイデアをいただきました。廃屋同然と見ていた古民家ですが、改装すると海外の方に人気の出る宿泊施設として活用できる可能性もあるそうです。水回りについても、外国人には必ずしも風呂は必要なくて、広くて清潔なシャワーがあれば十分という方も多いそうです。

伊州DMOのビジネスモデル

こうした議論をまとめて、伊州DMOの関係者を含めたビジネスモデルを書いてみました。ひとくちにインバウンドといっても、いろいろな関係者が登場しますし、彼らに納得してもらって動いてもらわないといけないことが、あらためてわかりました。

大変そうで頭がクラクラしますが、愛する伊州市の未来のために、頑張ろうと思います。

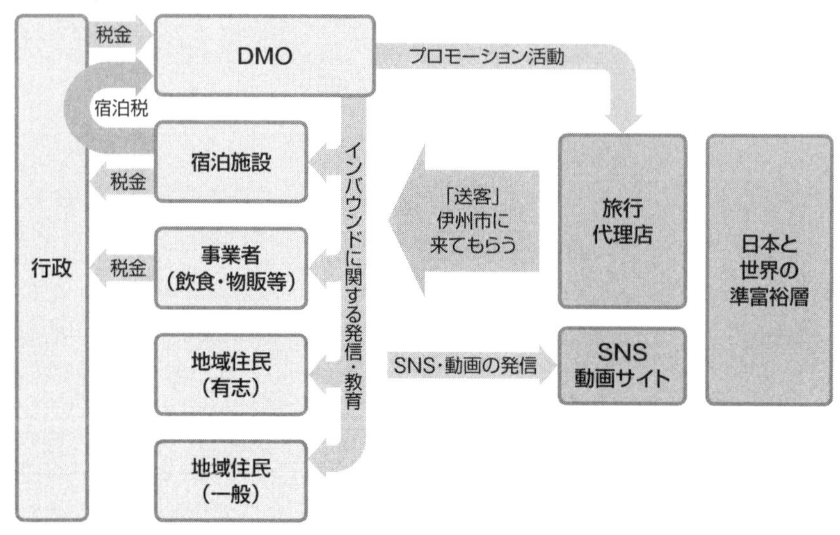

Step2-4 収益モデルを考える

フック：温泉と街の居心地の良さ

伊州の豊かな自然も、それだけではフックになりません。フックとなるコンテンツの仮説として、まずはリラックス効果がある温泉と、昼も夜も居心地がよい街で攻めたいです。温泉はこれから掘るわけなので、ちょっとした賭けですが、何本か掘れば当たるはず。むしろ、それをどうプロモーションするかのほうが大事だと思います。

回収エンジン：税金と観光収入

伊社教授は、「宿泊に関する特定目的の地方税」という制度を教えてくれました。この制度を使えば、宿泊客から目的税を徴収してDMOの収入とする。それを原資にDMOがプロモーションを行い、さらに多くの観光客を呼び寄せることができるはずです。

また観光客が増えれば、宿泊施設や飲食店の売上が上がって、伊州の経済も活性化しますし、伊州市の税収も増えるはずです。これは、DMOを設置する市としての回収エンジンと言うことができるでしょう。

Step2-5 事業規模を皮算用する

先生の「桁があっていればよいです」という言葉でちょっと安心して、まずはざっくりと試算しました。

芸文大学の伊社教授によると、インバウンドを推進すると、結果的に訪問いただくのは、むしろ国内観光客が7～8割を占め、それも大半は近隣地域からのお客になるようです。目の肥えた海外のお客を満足させる目線の高いサービスが、国内のお客を満足させるようです。

インバウンドに応えられそうなホテルは、伊州ホテルの80室を筆頭に、市内に200室ほどです。インバウンドを成功させて室数は2倍くらいにしたいですが、数を増やすより単価を高めたいです。それと古民家の改造で30室くらい、民泊でも100室くらいはいきたいです。

そうなると、稼働率を4割、一室平均2名とすると、宿泊者数は、

(200×2倍+100+30) 室×365日×40%×2人=15万4,760人

と年間延べ15万人ほどの観光客の訪問を期待できそうです。

宿泊料金は、伊州ホテルの単価は1泊10万円以上にしたいですが、その他のホテルや民泊もあるので平均はそこまで高くなりません。宿泊費と物販を含めた1人あたりの消費額は、仮に3万円で考えます。

となると年間に伊州市に落ちる金額は、15万人×3万円で45億円くらいです。純増分で35億円くらいでしょうか。

伊州市の1人あたりGDPが450万円ですから、観光産業は1000人ほどの雇用に相当します。また税率20%として、税収も7億円ほどの増加を期待できます。市の歳入は約400億円なので2%ほど増えるので、これは大きいですよ。皮算用ですけどね（笑）。

この数字は宿泊者分だけです。ほかにも日帰りの観光客も増えるでしょうから、その分の飲食や物販や移動での経済効果も相当見込めるはずです。

ツボタの未来を構想する

みなさん、お久しぶりです。ツボタの坪川です。伊藤さんからは超ローカルな「伊州市ラブ」の話を聞きましたが、私たちは最初からグローバルで攻めますよ（笑）。

Step2-1 ツボタのパーパス

前回説明したとおり、大きく進化するヘルスケアの世界で、ツボタは「脳活動計測によるウェル・ビーイングの実現」をパーパスに掲げました。最初は大胆すぎるかもと思ったのですが、世の中がどんどんその方向に向かっていることを知って、今は「早くしないと！」と焦っています。

Step2-2 関係者を整理する

今までツボタは、国内大学病院の内科の先生と共同研究するという形で機器を開発してきました。先生の指示のもとに測定装置を試作し、臨床試験を進め医療機器認可を取得するのです。日本での認可取得後に、海外の臨床試験を自社の海外拠点で進めます。そして、自社で設計した測定装置を国内の委託先で製造し、自社の直販または代理店経由で販売します。自社主導で進められる比較的シンプルなビジネスといえるでしょう。

しかし、今回の脳活動測定装置には開発や製造のパートナーが必要です。

臨床試験については、内科以外にも精神科や脳外科などの幅広い診療科と連携して、リアルタイムで被験者の脳波を測定し、また、被験者の感情や精神状態や血中生理活性物質の変化といったデータを収集する必要があります。

そして、集めたビッグデータをAIを駆使して解析し、幸福度などの出力を算出するロジックを作る必要があります。このロジック開発はツボタだけではできないので、解析パートナーが必要です。

それでも医療市場向けのビジネスなら、診断装置を製造し医療機関に販売するという、今までのツボタのビジネスに近いものとなります。

しかし一般市場向けの脳機能計測デバイスは、今までのツボタのビジネスの枠を超えたものとなります。

たとえば、メガネ型のデバイスのようなものをイメージしてください。こうしたデバイスを、ツボタが独自で製造・販売して世界に広めるのは難しいと思います。それよりは、たとえばソニーやサムスンといった会社が、ツボタの「分析モジュール」を組み込んだデバイスを開発して世界中で売る。そして、そのデバイス上で動く幸福度を活用したアプリがたくさん開

《ステークホルダーマップ（ツボタのヘルスケアビジネス）》

<table>
<tr><th colspan="2">レイヤー</th><th>役割</th><th>関係者</th></tr>
<tr><td rowspan="3">一般向けデバイス</td><td>デバイス用アプリ</td><td>デバイス向けのスマホアプリ開発</td><td>サードパーティ</td></tr>
<tr><td>デバイス設計・製造・販売</td><td>分析モジュールを組み込んだ民生用デバイスの設計・製造・販売</td><td>グーグルやソニーなどを想定</td></tr>
<tr><td>分析モジュール製造</td><td>分析モジュールの製造</td><td>鴻海など生産委託先</td></tr>
<tr><td rowspan="3">医療用測定装置</td><td>装置販売</td><td>測定装置の販売</td><td>医療機器専門商社</td></tr>
<tr><td>装置設計</td><td>測定装置の設計</td><td>ツボタ</td></tr>
<tr><td>分析モジュール製造</td><td>分析モジュールの製造</td><td>ツボタと製造委託先</td></tr>
<tr><td colspan="2">医療認可</td><td>医療機器として認可を付与</td><td>厚生労働省など、各国の政府機関</td></tr>
<tr><td rowspan="4">分析モジュール開発</td><td>データ解析、出力ロジック作成</td><td>収集したビッグデータを解析し幸福度等を算出するロジックを作成</td><td>解析特定のパートナー</td></tr>
<tr><td>データ収集</td><td>被験者の脳活動データ、また身体と精神状態のデータを収集</td><td>提携先の病院
解析パートナー</td></tr>
<tr><td>医療アドバイス</td><td>医療的治験の提供</td><td>専門領域のドクター</td></tr>
<tr><td>ハードウェア設計</td><td>分析モジュールのハードウェア設計</td><td>ツボタ</td></tr>
<tr><td rowspan="3">センサー</td><td>脳活動センサー</td><td>赤外線・電磁波計測</td><td>ツボタ（新規事業）</td></tr>
<tr><td>化学センサー</td><td>半導体化学センサー</td><td>ツボタ（本業）</td></tr>
<tr><td>その他センサー</td><td>加速度計、血圧計など</td><td>センサーメーカー</td></tr>
</table>

発され世界に広まる。脳機能計測デバイスを世界に広めるには、こうしたビジネスモデルを描く必要があると思います。

Step2-3 ビジネスモデルを構想する

医療市場と一般市場

一般市場は夢が膨らむのですが、実は医療機器については一般市場で利益を出すのは簡単ではありません。

たとえば、血圧計を考えてみるとイメージしやすいと思います。血圧計は一般市場向けに量販店でも販売されていますが、利益の多くは医療市場からだと聞いています。医療向け血圧計と一般向け血圧計は単価が相当異なるからです。また、一般向け市場で売るためにも医療機器として認可されているという信用が必要になります。

今回の脳活動計のビジネスも、まずは医療市場でしっかり稼いで、その実績のうえに一般市場向けに展開することを考えます。

医療機器のビジネスモデル

医療機器のビジネスで鍵となるのが、医療機器認可と保険制度適用です。

まず、医療機器認可を取らないと、病院では使ってもらえません。内容により必要な認可レベルは異なりますが、今回の測定装置については、認可の取得には３年ほどの臨床試験が必要になると思います。当然、それなりの費用もかかります。

ビジネス面では、保険制度の適用が大きいです。保険制度の適用対象になれば、機器を使うと保険点数がつくので、お医者さんにも積極的に利用いただけるようになります。

そのためには、幸福度の計測が医療にとってどのようなメリットがあるかを、きちんと説明できるようにしなければいけません。仮説としては、精神科のオンライン診断、手術後やリハビリ時の治癒促進、産後うつの防止、不眠や軽度うつ病などの発見と予防、免疫力の向上などを考えていますが、実際に臨床試験をしてみなければ、まだ何ともいえません。

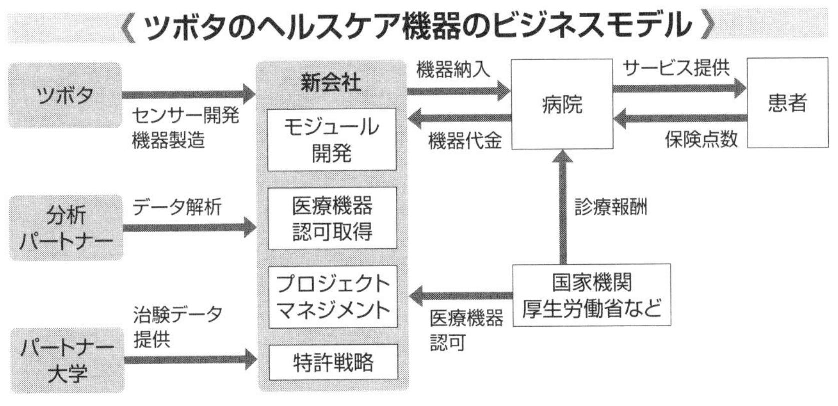

Step2-4 ｜ 収益モデルを考える

フックと回収エンジン

医療市場向けビジネスのフックは、身も蓋もないですが、保険点数です。米国だと、保険会社からのインセンティブになるでしょう。

患者さんの幸福度を測定するたびに保険収入が入るならば、病院も機器購入を前向きに検討してくれます。この保険適用の対象となること、また、適用できる症例をどこまで広げられるかがとても大事です。

一方の回収エンジンは、基本は機器の販売です。一般市場向けデバイスだとせいぜい3万円くらいまでの価格しかつけられません。しかし医療機器だと、もちろん機能と精度は違いますが、数十万円の値づけも可能です。

一度販売した測定装置については、継続的なデータ解析による測定ロジックの更新や、また化学センサーを装備した場合には試薬の補充など、継続的に収益を生む仕組みを作ろうと思います。

オープン・クローズ戦略

このビジネスでは、オープン・クローズ戦略の設計が重要です。

分析モジュール、つまりセンサーからのデータを解析して分析数値を出力するロジックは、このビジネスの最大の知的財産ですので、クローズにして保護します。この知的財産を確実に保護するためにも、データ解析のパートナー等と合弁会社を作る必要があると思います。

その一方で、一般市場向けには、分析モジュールのAPI（Application Program Interface）を公開しようと思います。ツボタの分析モジュールを組み込めば誰でも幸福度を測定できるデバイスを開発でき、また、分析モジュールの機能を使ったさまざまなアプリケーションの開発を促し、さらにツボタが提供しない活動センサー等のセンサーも分析モジュールに接続できるようにします。このオープンなAPIを、実質的な標準として世界に広めていきたいです。

Step2-5 事業規模を皮算用する

世界の医療機器の市場規模は、たとえば超音波診断装置で84億ドル（2020年、Report Ocean）、X線検査装置で8.6億ドル（2020年、Mordor Intelligence）、血圧計で19億ドル（2021年、SPI information）ほどで、いずれも年率５～10%で成長しています。

脳活動計測装置の市場は、まあ皮算用で、10億ドルくらいでしょうか？

ツボタのシェアを30%として、事業規模は３億ドルくらいですかね。皮算用としては、悪くない数字だと思います。まずはこのあたりを目指そうと思います。

仮説の検証

このSTEP２の検討期間の中で、いろいろな専門家や会社にヒアリングして仮説の検証を進めました。私たちの当初の技術開発の考え方やビジネスモデルにも相当ダメ出しされました。かなり凹んで眠れなくなった日もありましたが、このヒアリングを通じて、パーパスに共感してくれるパートナー候補に巡り合うこともできました。

ビリヤニ社

米国の医療データ分析の会社を調べて複数の候補をリストし、またコンタクトを取った中で、ビリヤニという会社が一番マッチしました。

ビリヤニ社は、インド人のタンドリ・ビリヤニ氏がボストン大学在学中に立ち上げたスタートアップで、米国東海岸の医療機関や大学、また医療系スタートアップと強いネットワークを持って、数多くの共同研究を進めています。

ビリヤニ社とはオンラインで３回打ち合せ、先月の米国への出張時にはニューヨークのオシャレなインキュベーション・センターに立ち寄って、ビリヤニ氏と会いました。ビリヤニ氏とは、お互い目指すパーパスですぐ一致して、それからビジネスモデルをどう構想するかで一晩語り明かしました。どうです、この写真。ふたりとも相当酔っ払っているけど、いい顔をしているでしょう？

現在提携の基本合意書（MOU）を結ぶべく弁護士と交渉中です。

タコボウズ社

ここ数年で医療系ベンチャー企業はたくさん出てきています。他にもいろいろな研究者の話を聞きました。まだ海のものとも山のものともつかない研究も多かったですが。

変わった人も多かったです。とくにタコボウズという会社を経営する、まさに蛸坊主のような東京大学の坪吉先生は飛び抜けた変人でした。何でも「道徳感情数理工学」で人工自我の研究をしていて、音声から感情だけでなく、発言の道徳性や倫理性まで正確に読み取るそうです。この技術をもって社会の倫理を高め、戦争をなくすのだと言っていました。

この分野の進化のスピードは早いです。いろいろなスタートアップがどんどん登場する一方、いつの間にか消えている会社も少なくありません。ツボタも、このスピードに追いついて、世界のトップを走る会社になることを目指します。

第5章

STEP3：DRIVE
未来を実装する

第3章・STEP1で妄想して、第4章・STEP2で構想した未来を、本章STEP3で実装し、組織を動かしていく。このSTEP3の実装が一番大変だ。ビジョンの実装には、年単位での時間がかかり、また投資が必要な場合も多い。パーパスやビジョンが揺らぐこともあるだろう。それらを乗り越えて、ビジョンを実現していくのだ。

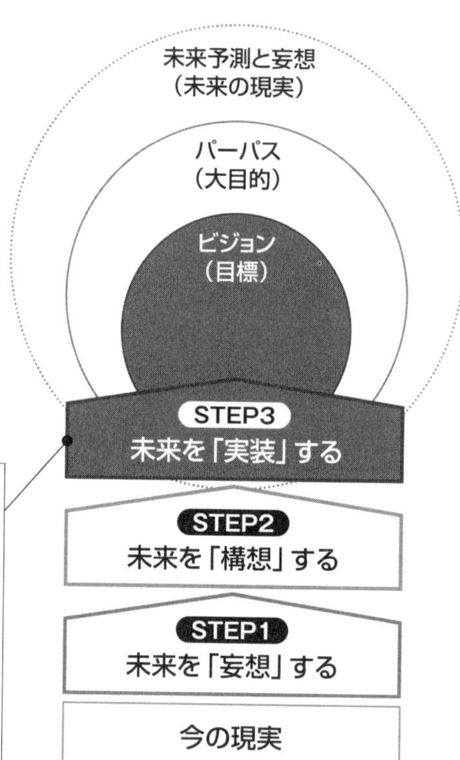

第5章

STEP 3-1：顧客と提供価値を定める
STEP 3-2：BMCを考える
STEP 3-3：ビジョンを描く
STEP 3-4：投資計画を試算する
STEP 3-5：ロードマップを組み立てる
STEP 3-6：アクションプランを動かす
STEP 3-7：未来を伝える

第5章で学んだこと

伊藤さんのプログラムを終えた感想

今回のSTEP3では、STEP2で考えた構想を現実に動かしていった。先生が「STEP3が一番大変です」と言っていたとおりで、とても大変だった。

この過程で、組織を動かすには「パーパスという大目的」とともに、自分たちの組織が向かう「ビジョンという目標」が大事なことがよくわかった。

しかし、遠くのビジョンを語るだけではダメで、次の目標となるマイルストーンを決めて、直近のアクションプランまで落とし込んで、ようやく組織は動いてくれる。

それでも、期待どおりにものごとは進まないから、想定外の事態が起こるたびにアクションプランを変更しつつ、対処する必要があった。

でも、ここまできて、ようやく先が見えてきた気がする。

STEP3-1

顧客と提供価値を定める

顧客（WHO）と提供価値（WHAT）がビジネスの基本

事業とは顧客に価値を提供することだ。未来の事業創造を考えるにあたっても、どの顧客（WHO）にどんな価値（WHAT）を提供するか、つまり顧客と提供価値を明確にしなければいけない。

ここでいう顧客とは、あなたの商品を選んでくれる人、それもお金を払って選んでくれる人のことだ。「イイね！」と言うだけでお金を払わない人は、ファンではあるが、この文脈での顧客ではない。しっかり見定めよう。

また提供価値とは、商品の機能や品質そのものではなく、その商品を選んでもらう理由だ。

顧客は、「製品の機能や品質が高いから」買うわけではない。たとえば、最新技術を駆使した自動運転の芝刈機が売られていても、普通の日本人は買わないだろう。この芝刈機の顧客は米国等の準富裕層であり、提供価値は、「自分が労働しなくてよいこと」だ。芝刈り性能は関係ない。

このように顧客と提供価値、つまりどんな顧客がどんな理由で自社の商品を選ぶのかを理解することが、事業の基本なのだ。

「ペルソナ」で顧客と提供価値を明確にする

この顧客と提供価値を考えるときに使うツールが「**ペルソナ**」だ。

まずは顧客を考えよう。この顧客の層をあまりに広くとると、提供価値が漠然としてしまう。たとえば一口に「若い日本人女性」といっても、家族構成や勤務状況や仕事内容や住む場所によって、まったくニーズが異なるので、当然、提供すべき価値も異なってくる。その場合は、たとえば顧客を「東京に住む20代か30代の専門職の若い女性」くらいまで絞ったほうがよい。

そのうえで、顧客の代表者として、個人もしくは個社を「ペルソナ」として設定して、そのペルソナから選ばれる提供価値を考え抜くのだ。

たとえば、ペルソナを「坪川さん」と設定してみよう。坪川さんという個人になりきって、彼女は未来や生活や仕事の中で、どんなことを考え求めるだろうかと思いを巡らせてみる。そうした妄想を経て、坪川さんが選んでくれる提供価値を考えてみよう。

坪川さんというペルソナは、対象とする顧客の代表だ。坪川さんに対する提供価値とは、対象とする顧客に対する提供価値でもあり、坪川さんが選ぶ商品は、顧客セグメント全体からも選ばれる可能性が高いのだ。

❯インタビューで顧客と提供価値を確認する

顧客と提供価値の仮説は、実際に顧客となってくれそうな人にインタビューして確かめる必要がある。このインタビューこそが事業の成否を決める、といってよいほど重要だ。

最低でも30人くらいにはインタビューをしよう。顧客に直接聞くのが難しければ、121ページで述べたように顧客の業界をよく知るコンサルタントなど関係者に聞いてもよい。

インタビューをすると、自分が考えた仮説が思い切り否定されることも多いが、それは「ありがたいこと」だ。仮説が間違っているのは当たり前なのだ。しかし、間違った仮説のまま事業化を進めると確実に失敗する。インタビューを通じて、仮説の確度を上げていこう。

このインタビューには、通常３〜６か月ほどの時間がかかる。しっかりと時間をかけて、納得いくまで検証してほしい。

※顧客と提供価値、また次のステップのビジネスモデル・キャンバスについてくわしく知りたい方は、拙書『新事業開発スタートブック』（日本実業出版社）を参考にしていただきたい。

STEP3-2

商品とBMCを考える

ビジネスモデル記述の標準フォーマット「BMC」

自社のビジネスモデルを記述するには、新規事業の検討によく使われる「**ビジネスモデル・キャンバス**」（BMC）というツールを使うと便利だ。

BMCは、ビジネスを構成する以下の９つの要素を、１枚の表で記述するツールだ。

- ・**顧客**（CS：Customer Segment）➡ STEP3-1で考えた顧客
- ・**提供価値**（VP：Value Proposition）➡ STEP3-1で考えた提供価値
- ・**顧客関係**（CR：Customer Relation）➡ 顧客への宣伝・販促活動
- ・**顧客チャネル**（CH：Channel）➡ 顧客への販売方法や販路
- ・**主要な活動**（KA：Key Activities）➡ 組織がする主な仕事
- ・**主要リソース**（KR：Key Resource）➡ 使用する人材や技術など
- ・**主要提携先**（KP：Key Partner）➡ 重要な事業パートナー
- ・**収入**（R$：Revenue Stream）➡ 事業が生む収益
- ・**費用**（C$：Cost Structure）➡ 費用構造、必要な投資

BMCで最も大事な要素は、ビジネスの骨格である顧客（CS）と提供価値（VP）だ。ここにはSTEP3-1で述べた内容を記述すればよい。他の要素は、このCSとVPを満たすために必要となる要素だといえる。

このBMCは、１度で完成形が書けるものではない。仮説検証のたびに書き換えていくものだ。新しい事業ができるまでには、何百枚ものBMCを書き直し、仮説を進化させていくものだと思ってほしい。

BMCの書き方をメルカリの例で見てみよう（下図参照）。

このように、BMCを使うと、会社が誰を顧客としてどんな価値を提供するのか、そのために誰と組んで何をするのか、また収入と費用の構造もひと目でわかるはずだ。

《メルカリのビジネスモデル・キャンバス》

KP（提携先）	KA（主要活動）	VP（提供価値）	CR（顧客関係）	CS（顧客）
金融機関 （決済機能） システム開発会社 物流会社	システム開発 （出品・落札） **KR（主要リソース）** データベース 顧客に関する知見	手軽に個人間売買ができる 捨てるはずのものを使ってくれる嬉しさ	テレビCM、SNSでの口コミ **CH（顧客チャネル）** スマホアプリ	若者、とくに女性 （出品者も購入者も） ※出品者として他に事業者もある

C$（費用）	R$（収入）
システム開発費 人件費	売買手数料（売上の10%）

商品のイメージを具体的に考える

BMCを使ってビジネスの全体構造を捉える一方で、商品のイメージも具体的に考えてみよう。たとえば、観光なら具体的な訪問先やアトラクションや日程プラン、医療用デバイスならば具体的な機能やデザイン、フリマサービスならば具体的なスマホの画面などだ。それらをパンフレットや広告や紹介記事にしたらどうなるかまで、詳細なイメージを考えてみよう。

このように商品の具体的なイメージを考えていくと、事業をグッとリアルなものとして感じることができるはずだ。

STEP3-3 ビジョンを描く

目標を視覚的なイメージとして共有する

ビジョンとは自分たちが目指す「目標」を示したものだ。31ページで説明したように、ビジョンで目指す未来と、今のあなたとは繋がっている。未来を創り出すためには、「ビジョンフォーカス」で考えるのだ。

ビジョンを空疎な内容で済ませてはいけない。

たとえば、「弊社のビジョンは、売上高1000億円、利益100億円」といったものだ。これでは数字が踊るだけで、具体的に何をするかが見えてこない。これはビジョンとは言えない。

また、「SDGsに取り組むイノベーションを進め、世界を幸せにします！」と謳うものの、具体的な内容を語れないものもビジョンではない。

ビジョンとは、先見性や洞察力という意味と同時に、映像や視覚という意味を持っている。まさに、未来をクリアかつリッチな映像イメージで語れてこそビジョンだ。

ビジョンが実現したときに、自分はどんな仕事をしているのか、お客はどう喜んでいるのか、といった豊かなイメージを関係者が共有してこそ、迷いなく行動することができるのだ。

4つの視点で勘所を押さえる

ビジョンはイメージとして映像化するとともに、ビジネスの言葉でも語る必要がある。そのために使うものが「財務、顧客、業務、人材」という4つの視点だ。この4つの視点について、「○○年には、こうなっている」と予言のようにビジョンを記述していく感じだ。

顧客・業務・人材の視点

顧客の視点は、どのような顧客に対して事業を展開しているかを記述する。展開する国や地域、狙うセグメント、獲得する顧客数などもメモしよう。また、パートナーなど外部関係者に関する内容も、この視点の中で記述する。

業務の視点は、その顧客にどんな商品やサービスを提供しているか、また、その提供に必要となる技術開発やオペレーションを記述する。

そして、その業務を行うために必要な組織や人材を記述する。組織名や人数、また必要なスキルを考える。スキル育成が必要な場合、どのように育成するかも考えよう。

財務の視点は最後に書く

財務の視点については、事業規模（基本は売上高）と必要な投資の試算値を記述する。こうした数値は、他の3つの視点が定まらないと見えてこないので、財務の視点は最後に記述する。

また、利益はビジネスモデルが定まるまではわからないので、最初は書く必要はない。書いても絵空事の数字にしかならないからだ。

ビジョンは仮説。変えてもよいので大胆に描く

ビジョンも仮説だ。最初に作るビジョンは、実現不可能なチャレンジが入っているはずだが、それでもよい。チャレンジのない内容を記述するよりもずっとよい。検討を進め、事業を進めていくうちに、しだいに細部がしっかりと見えてくる。

また、事業の検討が進むと、ビジョンを変更する必要があることも多い。そのときは、躊躇せず変えればよい。34ページのように、エベレスト制覇の目標を富士登山に変えるイメージだ。

仮説なのだから、まずは大胆な目標を描いてほしい。

STEP3-4

投資計画を試算する

未来創造は本業と異なる評価をする

「右手」の本業ならばビジネスモデルが確立しているので、事業を予算でコントロールし、毎期の損益計算（P/L）で評価できる。また本業では基本、赤字となる経営は許されない。

一方、「左手」の未来創造はこれからビジネスモデルを設計するものだ。損益をあらかじめ緻密に計画することなど、そもそも不可能だ。また、投資なのだから最初の数年の損益計算の結果は赤字となる。

未来創造では、本業と異なる事業評価の方法をしなければいけない。

どれだけ投資して、どれだけの事業を生み出すか

未来創造は投資だ。どれだけ経営資源を投入して、新たな価値を創造し、どう回収するかを問うのだ。投資リターンの評価方法は、「ROI」（投資利益率）が一般的だが、他に「IRR」（内部収益率）や「NPV」（割引現在価値）など、会社によって適切な評価基準を採用すればよい。

また、投資総額は設定した限度額を超えてはいけない。設定した期間内に目標リターンを達成する見通しが得られないならば、プログラムは原則中止しなければならない。見込みのないプロジェクトをずるずると続けてはいけない。

想定した赤字で右往左往しない

未来創造は投資だ。ビジネスモデルを構想している間も人件費や調査費がかかるし、事業を始めるには製品開発や設備投資も必要かもしれない。

最初の数年は赤字が続くことも仕方がない。長期的に回収できるシナリオが作れればよいのだ。

ところが本業の経験しかないと、この赤字でうろたえてしまう。経営陣もその赤字を問題にする。そして目の前の損益を改善しようと、小手先の指示を出す。これは最悪のマネジメントといえる。

初年度から利益を出せるような未来創造は、ほとんどない。いや、そんな計画を作ってはいけないのだ。赤字額が予定の範囲内ならば、その事業は順調に進んでいる。右往左往せず、必要な投資を続けよう。

たとえば現在世界最大規模の時価総額を誇る、アマゾンとテスラを見てみよう。この2社とも創業後の10年ほどは赤字を続けたが、その分しっかりと投資を続けた。損益は赤字でも、両者が描くパーパスとビジョンを株主が支え続け、そのおかげで両社は最強の会社となったのだ。

資本政策を考える

必要な資金をどう調達するかを考えるのが「資本政策」だ。

借金で調達するか資本金として調達するか、公的資金などの援助は使えるか、親会社の投資（コーポレート・ベンチャー）として続けるか、投資家としてどのベンチャーキャピタルを入れるか、株主の構成や株式の種類（議決権など）をどうするか、出口（エグジット）戦略をどう考えるか、資金調達のラウンドをどう設計するかなど、考えることはたくさんある。

人様のお金をお借りするのは軽い話ではないが、お金はツールであって事業の本質ではない。お金に過度に振り回されないようにしたい。

※こうした資本政策を考えるにあたっては、『起業のファイナンス 増補改訂版』磯崎哲也（日本実業出版社）が役に立つはずだ。

STEP3-5

ロードマップを組み立てる

「ロードマップ」でビジョンを今に繋げる

ビジョンの実現を目指すとはいっても、大きなビジョンを一足飛びに実現することは難しい。その場合は、最終的にビジョンを目指す「**ロードマップ**」（道路地図）を描き、途中に通過地点である「**マイルストーン**」（里程標）を置くのだ。そして、次のマイルストーンの通過を目指して、走って（DRIVE）いくのだ。

東レの炭素繊維の開発の例を紹介しよう。

炭素繊維は素晴らしい素材だ。最終的なビジョンは、自動車などの工業製品に広く活用されることだろう。しかし、最初から安く量産はできない。大量生産とコスト削減の技術開発には時間がかかるのだ。

そのため東レは、1970年に研究開発に着手した直後は釣竿やゴルフクラブといった小さく高価格な用途向けに開発を絞り、２年後に実用化した。そして、その生産を通じて製品の大型化とコスト削減の技術を磨いた。航空機部材に採用されたのは1990年だ。そして現在、ようやく量産車向けの採用が進みつつある。これはマイルストーン設定の良い例だ。

将来の大きなビジョンを見据えて、今からどんな過程を経てそれを実現するかを、未来から逆算したロードマップの上に組み立てよう。そしてロードマップに置いた最初のマイルストーンの実現に向けてアクションを進めよう。

マイルストーンを置いてみると、ビジョンの実現は10年や20年、30年という先だとしても、今すぐに着手すべきアクションは意外と多いことがわかるはずだ。未来を創り出すにはまさに今、動かなければならないのだ。

ロードマップの描き方

ロードマップは、横軸に時間を、縦軸に4つの視点を記述する（下表参照）。以下に横軸と縦軸の書き方を説明しよう。

《ロードマップの要素》

時期	～〇〇年	～〇〇年	～〇〇年	～〇〇年
フェーズ	〇〇期：	〇〇期：	〇〇期：	ビジョン達成：
①財務の視点				
②顧客の視点				
③業務の視点				
④人材の視点				

← 右欄から書いていく

ロードマップの「フェーズ」ごとにマイルストーンを置く

ロードマップは毎年の年次計画ではない。フェーズごとに、どこまで目指すかというゴールを記述するものだ。最初の「事業構想フェーズ」を半年で終え、次の「技術開発フェーズ」に2年、最後の展開フェーズを5年といったように、プロジェクトの実態に合わせてフェーズを区切ればよい。

このロードマップを何も指示なしに書いてもらうと、ほとんどの人は左から順に埋め始める。20ページで述べたように、現在から始めてフォアキャスト、つまり積み上げ式に未来を考えようとするのだ。しかし、これでは未来は創り出せない。

ビジョンからバックキャストして、ロードマップを組み立てよう。「ビジョン到達の3年前にはここまで辿り着く必要がある、それならそれまでにここまで到達しておこう」というように、表の右側の欄から組み立てていくのだ。

❯ロードマップは予算ではない。4つの視点を入れる

ロードマップというと「長期計画の予算ですね」と誤解する方もいる。

しかし先に述べたように、年度ごとの財務計画はほとんど意味がない。ロードマップでは、財務の視点以上に、「顧客の視点」「業務の視点」「人材の視点」を中心に記述するのだ。

この4つの視点はお互いに関連している。売上（財務の視点）を作るには、顧客を獲得しなければならず（顧客の視点）、顧客を獲得するには商品やサービスを企画開発し提供する必要があり（業務の視点）、そしてそのためには業務を行う人材が必要だ（人材の視点）。

この視点に沿って、ロードマップは表の上側の視点を達成するために、先に下側の視点を充実させなければならない。

人を育てて、技術や業務を確立し、顧客の信頼を得て、最終的に利益を得る。そんな長期的な視点でロードマップを組み立てよう。

❯フェーズには「投資のラウンド」を意識する

未来創造のフェーズを組み立てるとき「**投資のラウンド**」を意識するとよいこともある。投資のラウンドとは、最終的なビジョンを目指すまでに必要な投資をどのタイミングでするかというものだ。ラウンドは、おおむね下表のように分類される。必要に応じて参考にしてほしい。

《 投資ラウンド 》

ラウンド	段階	製品サービス	調達相場額
シード	研究開発・企画	プロトタイプ開発	数千万円
シリーズA	商品化	正式販売開始	数億円
シリーズB	ユーザー獲得	機能拡大	数億円
シリーズC	ユーザー拡大	機能拡大	数億～数十億円
上場・M&A	上場	市場への認知	数十億～数百億円
上場後の調達	新たな事業展開	市場認知の拡大	数十億～数百億円

経営に対する約束は意地でも守る

ロードマップの中で数値を記述できるところは、できる限り目標数値を記述しよう。そしてその中でも、経営に対して「この時期までに達成する」と約束した項目は、何がなんでも達成したい。

未来創造のチームは、他の社員から見られている。自分たちが経営に対して厳しい目標を課され、その達成に必死になっているのに、未来創造のチームが達成しなくて済まされるというわけにはいかない。

何がなんでも達成し、経営に対する約束は意地でも守ろう。

「ノックアウト・ファクター」を考える

ロードマップの目標達成は意地でも守るべきとはいえ、現実には目標をクリアできないことも多い。その場合はロードマップやビジョンを変更せざるを得ない。

なかには、失敗するとプロジェクト全体を中止せざるをえない項目がある。たとえば、必要不可欠な技術開発に失敗した場合や、重要な提携先との交渉が成立しなかった場合だ。それが「**ノックアウト・ファクター**」だ。

ノックアウト・ファクターが存在する場合は、他の項目に優先してその課題の解決に取り組まなければいけない。

また、外部環境が変化して、ビジョンが実現不可能となる可能性もある。たとえば、ガソリンエンジンの高効率化に邁進していたが、リチウムイオン電池の急激な性能向上で電気自動車には到底かなわなくなった。もしくは、内燃機関を動力とする自動車の販売禁止が決議されたなどという場合だ。

このような場合は、いずれもプロジェクト全体を潔く諦めるしかない。今まで投資したから「もったいない」と思うかもしれないが、それは回収できない「**サンクコスト**」として諦めるしかない。先行きのないものにしがみついていても仕方ない。潔く諦めよう。

STEP3-6 アクションプランを動かす

次のマイルストーンに向けて動くのは「今でしょ!」

今動くためのアクションプランを考える

ロードマップを作ったら、次のマイルストーンの到達に向けて動きはじめよう。最終的なビジョンを見据えつつも、今の時点で目指す地点は、次のマイルストーンだ。次のマイルストーンに向けて、顧客へのヒアリングや技術開発といったアクション（行動）を実行していくのだ。

こうした行動を進める基本ツールが、「**アクションプラン**」（行動計画）だ。個別のアクションについて、以下の４つを具体的に記述し、チームメンバーの中でお互いに共有する。

・誰が	個人名を記述する
・いつまでに	日付を記述する
・何をする	具体的な行動を記述する
・どうなった	行動できたか、また行動の結果を記述する

これは当たり前のように見えるだろうが、こうしたことが「何となく」「あやふや」になったまま、何も動かない組織は少なくない。

アクションプランに記述するのは、１か月ぐらい先、最大でも３か月先までの具体的な行動だ。そして動いた結果と、動いてわかった知見によって、アクションプラン自体をどんどん書き換えていく。

具体的行動を明確にする

アクションプランの上では、自分が何をするか具体的なイメージがお互いに湧くくらい、リアルに詰めていこう。そうでない「お題目」をいくら書いたところで、行動できないからだ。

たとえば、「今月中に伊岡さんが◯◯の市場を調査する」と書いても、伊岡さんにどう調査するかイメージがなければ、具体的な行動には移れない。その場合はたとえば、

・今日の午後中に"◯◯"というワードでネット検索する
・今週中にそれで得た情報から、業界構造、競争環境などを◯◯という戦略分析フレームワークで分析する
・金曜日に関連する本の著者等に連絡して調査アポを取る

というように、行動を具体化すると伊岡さんも迷いなく動けるはずだ。

OODAで行動を進化させる

アクションプランはどんどん修正する

アクションプランも仮説だ。プランどおりに動けないことも多い。また、結果が期待と異なる、つまり期待以下のことも期待以上のことも多い。

本業と違って未来創造は先が見えないところが多い。「計画と違うじゃないか？　どうなっているのだ！」とか責めても仕方がない。「そうなのか、どうしよう」と考えて、次のアクションプランを考えて、ビジョンの実現に向けて動けばよい。

アクションプランは、最低でも週に１度のミーティングで、できればリアルタイムで状況を全員で共有しながら、行動計画や変更を確認・共有したい。Slack等のデジタルツールもどんどん使いこなしていこう。

PDCAからOODAに

行動計画の変更について、最も多く使われる考え方が「PDCA」だろう。PDCAとは、「計画（Plan）」「実行（Do）」「評価（Check）」「改善（Act/Adjust）」といったサイクルで、計画との差分を評価して改善するというアプローチだ。

このPDCAは、「右手」の本業には適しているが、そもそも計画することが困難な「左手」の事業創造にそのまま適応するのは難しい。

左手の事業創造に向いているのは、下の４つの要素からなる「**OODA**」というサイクルだ。37ページのグラフを思い出してほしい。

観察（Observe）	自分の状況と周囲の変化を観察する
方向づけ（Orient）	目指す方向を確認する
意思決定（Decide）	臨機応変に決断する
実行（Act）	即座に行動する

OODAの方向づけ（Orient）で確認する目指す方向が次の「マイルストーン」だ。自身と周囲の変化を確認し、どの方向に進むとビジョンに近づくかを確認するのだ。

このようにOODAでは、常に状況を把握しながら、意思決定と行動を短いサイクルで繰り返し、最終的にビジョンに近づいていくのだ。

OODAを通じて個人が学習し組織が進化する

PDCAの考え方は、計画をしっかり作って、計画から外れたメンバーの行動は矯正するというものだ。これだと、「偉い人が計画を作り、メンバーは従うだけ」というスタイルに陥りやすい。また「完璧な計画」を作るという官僚的な仕事ばかりが増えて、現場が自ら考えて行動する力は次第に萎えていく、ということが起きがちだ。

それに対してOODAの考え方は、組織のメンバー１人ひとりが、ビジョンに向けて自分で判断して動くというものだ。こうしたOODAのトライを通じて、メンバーが学習をしていく。また、メンバーの学習を通じて、組織が進化していく。

「右手」のPDCAから、「左手」のOODAへのシフトは、単に管理ツールの書式が変わるだけではない。根本的には組織に対する考え方のシフトが必要なのだ。

進捗を「ダッシュボード」で見える化する

未来創造に関わる複数の部門の関係者全員が、全体の進捗を確認するツールが「**ダッシュボード**」だ（下表参照）。

アクションプランの項目を少しまとめて、その項目の進捗状況を「青（順調）」「黄（遅延や問題発生）」「赤（停滞や大問題）」という区分で示すのだ。ダッシュボードを共有すると、全体でどこに課題があるのか、一目瞭然となる。

しかしここで、進捗に問題があっても「青」のまま隠してしまうと、問題が発覚したときには手遅れになってしまう場合がある。ダッシュボードに進捗状況の真の状況を記入してもらうためには、お互いオープンに問題点を指摘しあえる「心理的安全性」が保たれた組織である必要がある（第6章参照）。

また、ある程度以上の大規模なプロジェクトを動かすためには「プロジェクト・マネジメント」のスキルが必要だ。本書では深入りしないが、未来創造プロジェクトの責任者は、こうしたプロジェクト・マネジメントのスキルも習得し、チームを、そして外部の関係者を動かしていってほしい。

《ダッシュボード》

大項目	項目	期日	責任者	状況	内容
				㊔㊕㊖	
				㊔㊕㊖	
				㊔㊕㊖	
				㊔㊕㊖	
				㊔㊕㊖	

STEP3-7

未来を伝える

未来を伝えて関係者を動かす

パーパスで人を巻き込み、ビジョンで組織を動かす。そのためには、パーパスやビジョンを関係者に伝え、共有する必要がある。

コアな少人数ならば、直接語り合う密なコミュニケーションも可能だが、関係者が増えるとそれは難しい。また、顧客や市民に広くメディアを使ってビジョンを伝える必要があるかもしれない。

こうしたパーパスやビジョンは、文字だけではまず伝わらない。なぜならば、それは伝える相手の「常識」の外にある可能性もあるからだ。

たとえば、20年前の人でさえ「スマートフォン」を文字だけで伝えるのはおそらく無理だろう。相手は「わかった」と言うかもしれないが、おそらく何も伝わっていない。簡単な映像があれば、ずっとイメージしやすいだろう。そうでないと「携帯電話と同じじゃん」という誤解や、「スマートフォンという得体のしれないもの」が来るという憶測ばかりが広がることになる。

関係者の理解と共感を生むには、映像や動画を使って伝えたい。また媒体はどうであれ、ここでの目的は、関係者を動かすということだ。映像の美しさという自己満足ではなく、「見た関係者がどう反応するか」という視点をブラさずに作ってほしい。

ただし、このステップはオプションだ。映像を作るのは相応の費用と時間がかかる。投資対効果が期待できる場面において、積極的に取り組むくらいで考えればよい。

課題解決へのアプローチ

STEP3の検討を進めるなかで出現するおもな課題にどう取り組むべきか説明する。また組織の課題の解決については第６章で説明する。

技術の課題と解決アプローチ

ビジョンの実現には、新しい技術が必要となることが多い。

マイルストーンを考えるときには、これからの技術の進化を前提とする必要がある。とくに情報通信技術については、54ページで説明したムーアの法則にしたがって、５年で10倍、10年で100倍に進化するので、ロードマップを考えるときには、その技術進化を前提としよう。

また、自社の技術開発については、克服すべき課題を明確にして、「○年までに○○という技術を開発する」というマイルストーンを設定して、技術開発を進めていく。

法律や規制の課題と解決アプローチ

ビジョンの実現を検討すると、「法律や規制があるからできません」という意見が出ることがある。しかし、これは間違っていることも多い。

経済産業省出身で現在はコンサルティング会社社長を務める三宅孝之氏は著書の『3000億円の事業を生み出す「ビジネスプロデュース」戦略』(PHP研究所）で次のように説明している（文章は三宅氏許諾のもと著者が編集した)。

> 地域のため、日本のため、世界のためというパーパスのもとに提案されれば、政府や自治体は動かざるを得ない。政府や自治体は民間からの提案を待っているという側面がある。社会環境やビジネス環境が

変わるなか、政府や自治体が時代遅れの法律や条文を変えたいと思っているのだが、具体的なニーズがわからなくては動けないのだ。

「規制があってできません」という内容を聞いていくと、実際には規制は何もなく、単に慣習だったということはよくある。また規制があっても、管轄官庁に問い合わせると"現在は状況が変わっているから、無視して結構です"と言われたこともある。

また、ひと口に規制といっても、法律か政令か省令かで、変えやすさは大きく異なる。また具体的にどの条文を変えたいのかがわかれば、議論はスムーズに進められる。

もちろん、規制の変更を議論するには、私企業の欲得ではなく、公益にかなうパーパスの実現を目指すことが大前提だ。

《 規制に対する理解と変更可能性 》

	理解度	人口分布	制度変更
1	規制等が法律によるものだと漫然と思っている	95%以上	実現不可能
2	規制がどのレベル（法律･政令･省令）か、またどの条文なのか知っている	5%未満	実現不可能
3	どの法令のどの条文をどう変えるべきかを説明できる	1%未満	変更可能性あり
4	条文変更の影響を理解し、合理的な対応策を描ける	0.1%未満	変更可能性大

このように法律や規制を変えることで、新しいビジネスを作り出す。こうした視点も持ちつつ、ビジョン実現に取り組んでいこう。

顧客ニーズの課題と解決アプローチ

新規事業の検討で最も多い失敗が「顧客のニーズを確認しないまま新製品を作ってしまった」ということだ。

調査データを独りよがりに解釈して、もしくは調査をしないまま思い込み、「顧客はこういう製品やサービスを求めているはず」と突き進んでしまうのだ。これではせっかく作った新製品も、売れるはずがない。

笑い話のようだが、実際にはとても多い。自分たちがこの「罠」に陥っていないか、ときには冷静に立ち止まって考えよう。

課題を文化や国民性に還元してはいけない

課題にぶち当たると「日本人は◯◯だから仕方ない」といった意見が出てくることも少なくない。しかし、この言葉は思考停止の証拠だ。

できないのには、できない合理的な理由がある。

たとえば、iPhoneが登場したとき、多くの識者が「日本人は画面タッチでなくテンキーでの操作に慣れているし、「おサイフケータイ」の機能もないので、iPhoneは売れないだろう」とまことしやかに説明したものだ。

また、今だと多くの人が「日本人は慎重な国民性なので、新しいことを受け入れるのは抵抗感がある」と考えているが、50年前の高度成長期の頃は日本人の「性急にすぎて、深く考えないで実行に移してしまう国民性」が問題点として指摘されていた。

文化や国民性といった「上部構造」は、技術やビジネスモデルといった「下部構造」で簡単に変わる。未来を創り出すためには、上部構造まで変えるような技術やビジネスモデルの創造まで視野に入れて取り組みたい。

日本からスタートする必要はまったくない

ただし、産業構造や業界秩序が固定的な日本市場を動かすために多大な時間とエネルギーを使う必要もないかもしれない。

よく「日本市場からスタートして世界に広める」という話を聞くが、世界を目指すなら日本という狭いニッチな市場からスタートするよりも、最初から世界を目指すためにベストな地域からスタートすべきだろう。またチームも日本人で固めずに、最初から多国籍で進めればよい。

AIのお陰で言語の障壁がしだいに低くなる世界では、こうした「**ボーン・グローバル**」な未来創造の事例も増えていくはずだ。

約半年をかけたSTEP3の検討は、２回のオンラインの検討会を経て、３回目の今回はリアルでの発表会だ。この発表がプログラムの最終発表であり、これから先は参加者が各自で動いていくことになる。

伊州DMOの未来を実装する

伊州屋の伊藤です。この半年は伊原ジュニアと一緒に伊州DMOの設立に奔走しました。おかげさまで大まかな形は描けたと思います。伊州市も全面協力してくれて、おもな議員さんの合意を取りつけました。

自分自身も「顧客体験」をして見方が大きく変わりました。実は２か月前に約２週間、伊原ジュニアとイタリア南部のイオニア海沿いの街に長期滞在の旅に出ていたのですよ。世界中を旅した海外ＯＴＡの伊瀬社長から「伊州に似た地域」ということで推薦された所です。

あ、これ自腹です。提供者側で考える内容と、自腹で払うお客になって感じることは全然違うことが、よくわかりました。すごく勉強になりました。貴重な体験を快く許してくれた妻には本当に感謝です。

イタリアの現地調査

まず、イオニアの写真を見てください。こんな感じです。海も山も街も実によいでしょう？（どよめきの声）

いや～、ここに若い男子２人が２週間。超場違いだろうし、直前まで本当に行くべきか悩みましたが、行ってよかったです。

ここはイオニアの人口10万人くらいの街で、日本のガイドブックには載っていません。でも、この50室の小さなホテルはほぼ満室で、台湾からの旅行客がいました。こちらの写真の尹（いん）さんご夫妻です。日本語も英語もお上手で、すっかり仲良くなりました。

尹さんは台北市に住む40代夫婦で、旦那が弁護士で、奥さんが会計士だそうです。イオニアに最初に来たのは前職の仕事絡みだったそうですが、この地域が気に入って、以後は２～３年に一度は来ているそうです。

旅行の目的を聞いたのですが、とくに何をするでもない。暖かい海風の中、ゆったりと居ることを楽しむそうです。

毎朝、朝日を浴びてヨガをしたあとに、健康的な朝食をとり、昼間はのんびりした雰囲気の市街地を散歩し、カフェで寛ぐ。メールの処理をすることも多いそうです。

そして、ときには近くの島までヨットで繰り出し、ときには近くの火山をトレッキングする。夕方には戻ってワインを飲みながら、時間をかけて食事を楽しむ。夜はキンドルを読んでいるうちに寝てしまう。そういう滞在だそうです。スタッフとも楽しそうに会話していましたし、他の数組の宿泊客とも顔見知りのようです。

私なんか、「せっかくイタリアに来たのだから、ローマにもフィレンツェにも行くぞ！」と、予定をキチキチに詰めていたので、恥ずかしかったですね。それにイオニアには、詰めこむようなコンテンツはあまりない。居心地のよい気候と自然と街、それが最高のコンテンツでした。

事前の調査でこういう生活があることを知ってはいましたが、全然わかっていませんでした。直接体験することがいかに大事かを痛感しました。

Step3-1｜伊州DMOの顧客と提供価値

伊州DMOの顧客とペルソナ

狙う顧客はアジアの準富裕層。職業は中小企業の経営者か弁護士などの専門職が主でしょう。ペルソナはまさに尹さんです。

尹さん夫婦は、高等教育を受けた富裕層のセンスはアジアも欧米も、そして日本も似ていると言います。

▶伊州DMOの提供価値とフック

尹さんに伊州の写真を見せたら「これはイオニアと同じだねえ、居心地がよければ、日本は近いし毎年でも行きたいねえ」とのことです。

提供価値、つまり尹さんが伊州に毎年でも行きたい理由を尋ねたら、しばらく夫婦で議論したあとに、「そうだね、いつでも手軽に行ける、気楽で居心地よい異国ということかな」と答えてくれました。

でも、世界中の観光地から伊州を選んでいただくにはフックが必要です。それについて聞くと、「海が見える温泉がポイントかな、その写真はインスタ映えするよ」とおっしゃいました。

フックについては仮説が当たった感じです。まだ掘削できていないのですが（笑）。インスタ映えを考えるなら、「シンガポールのマリーナベイサンズのような、海の見えるゴージャスな天空温泉を仕掛けるとよいのでは」というアイデアもいただきました。

フックで一度いらしたお客様にリピートいただくのも大事です。ここは「伊州の居心地のよさと胃袋を掴む食」で勝負したいです。

テイストはイタリアの海岸都市で、でも街に出るとアジアの猥雑な、しかし自国とは違う異国の雰囲気の、それでいて居心地のよい街。滞在中は気持ちのよい伊州の潮風に佇んでいただき、気が向いたらトレッキングとか、果物狩りや海釣りとかを楽しんで、美味しい料理をいただく。和食教室もよいでしょうし、希望があれば武道や茶道も本格的に指南します。

▶イタリアでの仮説検証

尹さんに話を聞いて、はじめてわかったことがいくつかありました。

いろいろな話を聞いて、今まで考えていたプランは、自分たちで思っていた以上に提供者目線だということがわかりました。これればかりは現地に行かないとわかりませんでした。体験してよかったです。

まず、インバウンドで来る方の行動が伊州市内で完結しないことです。

尹さんなら、関西空港からご自身で運転してホテルに入って、その後も各地を自由に回りたいそうです。伊州からは京都も瀬戸内でも２時間くらいで行けます。なので、伊州市内だけでコンテンツを揃える必要はなくて、近隣200kmでベストの体験をタイミングよく案内できればよい。たとえば、地元のお祭とかインスタ映えするお花見とか、滞在してこそ体験できるイベントにも案内したいです。

伊州も世界に負けない美しい風景があります。イオニアに行ってさらに自信を深めました。それを世界にどうアピールするか、尹さんは親切にも「友達にも聞いてみたよ」と、たくさんのアイデアを紹介してくれました。

ホテルについては、居心地がよいことは必要にせよ、ゴージャスな部屋や施設は必要ない。むしろ、その土地らしいデザインのほうが嬉しいそうです。今まで「お金をかけてピカピカにしなければ」と思い込んでいたので、この言葉には救われました

食事が美味しいことも必要条件とのこと。尹さんによると「胃袋を掴まれたら、また戻ってくるよ」ということで、たしかにイオニアのホテルの食事もとても美味しく飽きませんでした。

あと、「何よりスタッフが大事」とのことでした。日本人の考える「オモテナシ」は実は融通が利かず押しつけがましくて評判が悪いそうで、フレンドリーでフレキシブルな対応が重要だそうです。言葉の問題は自動翻訳でなんとかなっても、顧客目線でのサービス対応は課題です。

ホテル以外でも、「古民家にすごく泊まりたい」と答えた友人も何人かいたそうです。広い古民家に友人と行くときには素泊まりとシャワーで十分、食事は街ナカで楽しみながらしたいそうです。また若い人向けには、旅行代理店よりもAirbnbに掲載するとよいのでは、とのことでした。

また、訪問地を知るきっかけはTikTokなどの動画や、WeChatなどのSNSでの友人の投稿からが多いということ、その場でスマホからすぐに予約画面に飛ぶことも多いそうです。

ターゲットとする国で人気のデジタルアプリの上で、伊州観光をプロモ

ーションしなければいけませんし、紹介する滞在コンテンツも動画の内容に合わせて都度変える必要がありそうです。

Step3-2 伊州DMOのビジネスモデル・キャンバス

前回説明した内容をベースに、伊州DMOのビジネスモデル・キャンバスを描きました。伊州DMOとしては、伊州ホテル等の市内の事業者を顧客（CS）に置く書き方もあると思いますが、今回はインバウンド観光客を顧客として考えました。

《伊州DMOのビジネスモデル・キャンバス》

<table>
<tr><th>KP</th><th>KA</th><th>VP</th><th>CR</th><th>CS</th></tr>
<tr><td rowspan="3">伊州市
市内のキーパーソン：
・宿泊施設
・体験型観光
・オタク経験
など</td><td>地域のコンテンツを外部につなぐ手伝い</td><td rowspan="3">「居心地のよい身近な海外」
伊州を滞在型で満喫してもらうための裏方支援</td><td>動画やVRを活用したプロモーション</td><td rowspan="3">インバウンド観光客（日本人&外国人の準富裕層）</td></tr>
<tr><td>KR</td><td>CH</td></tr>
<tr><td>インバウンドに関する経験値</td><td>日本・海外のOTAでの集客・誘導</td></tr>
<tr><th colspan="2">C$</th><th colspan="3">R$</th></tr>
<tr><td colspan="2">おもに、プロモーション費用
人件費</td><td colspan="3">新設する観光税</td></tr>
</table>

狙う顧客はアジアの準富裕層です。これには日本人も含みます。高等教育を受けた準富裕層のセンスは世界でほぼ共通しているので、尹さんが満足するコンテンツは、ベルリンやロンドンの人、また大阪や東京の人も満足してもらえるはずです。実際に来る人は日本人が半数以上となると思います。また、先ほど説明したとおり、提供価値は「居心地のよい身近な海外」とします。

伊州DMOの役割はあくまで支援で、主体は事業者です。

伊州ホテルなどの宿泊施設、アグリツーリズムやマリンスポーツ、また文化体験など、伊州地域を楽しんでいただくいろいろなコンテンツを提供する事業者は主要提携先（KP）の位置づけです。

彼らに対して、伊州ＤＭＯは情報を海外に発信するお手伝いをします（ＫＡ）。そうした活動を通じて蓄積するインバウンド観光に関する経験値や知見、また人的なネットワークこそが、伊州ＤＭＯの経営資源となります（KR）。そして、伊州市の魅力を世界に伝え（CR）、また顧客として獲得する（CH）お手伝いをします。

Step3-3｜伊州DMOのビジョン

伊州ＤＭＯのビジョンは「伊州地域の魅力を世界にアピールして、世界からお客様を招くこと」です。ビジョン実現に向けて邁進します。

伊州ＤＭＯの場合は、観光客という視点と関係者という視点が必要ですので、顧客の視点を２つに分けました。

《 伊州DMOのビジョン 》

伊州DMOのビジョン@2050		「居心地のよい手軽な海外」という伊州の魅力を世界にアピールしている
視点	財務	おもに新設する税金から賄う。2億～3億円規模
	顧客（観光客）	アジアの知識階層に対するアピール、またムスリム向けのハラル対応
	顧客（関係者）	観光施設だけでなく、街全体がインバウンド対応すべく、尖った個人と連携・支援する。また、市役所等との対応
	業務	旅行代理店や海外サイトなどへの情報発信
	人材	インバウンドに関する知識と実行力を備えた人材を育成

顧客（観光客）の視点

伊州を訪れる観光客は、日本人が６割、３割が中国・台湾・韓国からで、欧米などからが１割くらいだと思います。

宿泊客数は、STEP２で検討したように、まずは年間延べ15万人を目指します。宿泊しないお客様は日本人を中心にこの数倍、60万人くらいかな。合計で、目標の年間観光客数は延べ75万人です。

他の都市との比較でいうと、たとえば京都市が1600万人規模（令和２年）、鎌倉市が800万人規模（令和元年）、草津市が300万人規模（令和元年）です。仮にでも数を入れると、目標感が具体的になりますね。

❯顧客（関係者）の視点

関係者には、伊州ホテルなどの宿泊施設や伊州ファームなどの事業者と、伊州駅商店街などの団体がいます。とはいっても、伊州ホテルは伊原ジュニア、伊州ファームは伊能さん、商店街は伊澤君といったように、実態は「動く個人」です。彼らの活動を最大限にサポートします。

❯業務の視点

伊州ＤＭＯの一番の仕事は、世界に向けての情報発信です。恥ずかしながら、今は伊州市の魅力は国内でさえ伝えられていません。お客は、世界中の観光地の中から伊州をわざわざ選んでいただくので、私たちの独りよがりでなくて、彼らにアピールするように伊州市の魅力を伝える必要があります。

伊州ＤＭＯは、外から見た事業者の魅力を発見して、アピールするためのポイントを伝えて、また動画やＶＲなどのコンテンツ作りやさまざまな言語への翻訳をサポートしようと思います。

❯人材の視点

伊州ＤＭＯに一番必要な人材は、会社でいうとＣＭＯ（Chief Marketing Officer：マーケティング責任者）だと思います。今は農家の伊能さんに任せきりですが、ずっとは続けられません。いつまでも伊社教授や伊瀬社長の知恵に頼り続けるわけにもいきません。

また、現場でホスピタリティを提供する人材も育成が必要です。数年かけてでも、こうした人材を育てなければいけません。

❯財務の視点

先生からの指示どおり、他の視点を考えた後に財務の視点を考えました。

たしかに、金勘定は他の条件が揃わないとできませんね。

伊州ＤＭＯの最大の収益源は特定目的の税金です。宿泊税を１人１泊平均で500円いただくことを想定します。定額でなくて宿泊料比例で３～４％くらい、観光客向けでないビジネスホテルは免除してもよいです。

となると収入は皮算用ですが、宿泊者数はＳＴＥＰ２で検討したとおり年間延べ15万人なので、年に7500万円になります。

もちろん、初年度からこんなに収入は見込めないので、最初の数年は市の予算補助が必要です。

費用面については、優秀な人材は相応の待遇で報いたいです。常勤２名とサポートスタッフで年に4000万円くらいかな？

広告費にかける余裕があまりないので、たとえば「伊州ＴｉｋＴｏｋコンテスト」とか、お金のかからない方法を工夫したいです。

Step3-4 ｜ 伊州屋のロードマップ

続けて、ビジョン実現に至るまでのロードマップを考えました。

細かな説明は省きますが、次のようなフェーズ感で考えました。

まず2025年までは、ビジョンに関して市民の理解を得る期間だと思います。ＤＭＯの議案を議会で通すためにも、議員さんたちにもしっかり説明

《伊州屋のロードマップ》

	2023年～	2026年～	2030年～	2050年～
フェーズ	模索期： 計画スタート	確立期： インバウンド集客開始	拡大期： 街全体のインバウンド対応	ビジョン達成： 世界に通用する観光ブランド
財務の視点	補助金、融資	自立へのシフト	自立&融資返済	自立
顧客の視点	無名	一部のコアファンに認知	コアファンの拡大	世界での認知
業務の視点	市内での関係者作り	プロモーション開始	プロモーション拡大	（同左）
人材の視点	常勤2名 人材育成	常勤2名 人材育成	常勤3名 人材育成	常勤5名 人材育成

して、市をあげて進めようという機運を盛り上げていきます。もちろん、伊州ホテルの改装とか、事業者主体で進めるところは、どんどん進めていただきます。

そして2025年以後は、ホテルの改装も終わり、国内や海外の旅行代理店との準備も整え、ようやくここから本格スタートです。

2030年頃には、街中にインバウンド観光客の方が増えて、伊州市の経済を潤していることと思います。そして2050年頃には、伊州が世界でも知られる観光地のひとつとして名が挙がる存在になることを目指します。

もし伊州DMOが成功したら、伊州市だけで閉じずに、日本全国に成功モデルを広げていきます。そこまでできれば本望です。

Step3-5 伊州DMOのアクションプラン

大きなビジョンを描いたら、そこに向けた一歩一歩を進めないといけません。先生の言う「着眼大局、着手小局」ですね。

《伊州DMOのアクションプラン》

<table>
<tr><th>項目</th><th>段階</th><th>内容</th><th>担当者</th><th>期限</th><th>詳細</th></tr>
<tr><td rowspan="7">ビジネスモデル検証</td><td rowspan="3">顧客調査</td><td>調査会社委託</td><td>伊岡</td><td>10月</td><td></td></tr>
<tr><td>専門家</td><td>伊藤</td><td>11月</td><td></td></tr>
<tr><td>…</td><td></td><td></td><td></td></tr>
<tr><td rowspan="2">市内関係者</td><td>宿泊施設</td><td>伊藤</td><td></td><td></td></tr>
<tr><td>…</td><td></td><td></td><td></td></tr>
<tr><td rowspan="2">外部関係者</td><td>ネット旅行会社</td><td>伊岡</td><td></td><td></td></tr>
<tr><td></td><td></td><td></td><td></td></tr>
<tr><td rowspan="3">DMO設立</td><td>企画検討</td><td></td><td>伊藤・伊賀</td><td>8月</td><td>観光庁相談</td></tr>
<tr><td>議員説明</td><td></td><td>伊賀</td><td>10月</td><td></td></tr>
<tr><td>…</td><td></td><td></td><td></td><td></td></tr>
<tr><td rowspan="2">人材</td><td>採用</td><td>バイト採用</td><td>伊藤</td><td>12月</td><td></td></tr>
<tr><td>…</td><td></td><td></td><td></td><td></td></tr>
</table>

細かな内容の説明は省きますが、考えれば考えるほど、やることが増えます。優先順位をつけて、取り組まなければいけません。

でも、次のマイルストーンが見えると、仕事の優先順位付けが明確になってすごく動きやすくなることが、あらためてわかりました。

Step3-6 | 伊州DMOのバーパスとビジョンを伝える

さて、最後に伊州DMOのパーパスとビジョンを、映像でご覧になってください。これは来月から市民向けに公開する予定のショートムービーです。

映像は農家の伊能さんが半年がかりで撮影して作ってくれました。最近のスマホと映像編集ソフトの性能は凄いですね。ドローンで撮影した映像も迫力あります。

（5分間の映像上映）

いかがでしたか？　えーと、みなさん無言ですね…。

先生、え、感動なさった？　ありがとうございます。

坪川さん、え、「伊州をこんなに素晴らしく映してくれてありがとう。これなら世界にアピールできるかと感動しました」ですか。私たちこそありがとうと言いたいです。最初は必ずしも協力的でなかった市役所の職員や議員さんも、このビデオを見て考えを変えてくれたようです。

伊州は素晴らしいところです。この素晴らしさを世界にアピールしていきます。そのためにもビジネスモデルにさらに磨きをかけて、未来を実装していきます。

TB社の未来を実装する

どうも、ツボタの坪川です。

ツボタじゃなくて、何で「TB」かと、その説明から入ります。

TB社の設立

TBは、ツボタとビリヤニ社の合弁会社です。TB社を設立する理由は、オープン・クローズ戦略のコアとなる特許やノウハウが別の会社に分散していてはいけない。知的財産を持つのはひとつの組織にしよう、という判断からです。

TB社の正式な社名は「Transcendental Being」(超越的存在)です。今は「Well Being」(幸福な状態)がブームですが、30年後にはその次の次元に行くだろうと、マズローの自己超越からヒントを得て名づけました。

同時にTBは、ツボタとタンドリ・ビリヤニ氏、そしてちょっと関わっていただくタコボウズ先生の頭文字でもあります(笑)。

いろいろ議論はあったのですが、最初はツボタが51%、ビリヤニ社が40%を出資し、あとは複数の大学と病院から出資を募ることとしました。こうした資本政策の話とか、私はまったくの素人だったので、すごく勉強になりました。

TBのビジネスとしては、STEP2で見た病院向けビジネスのほうが市場規模も収益性も大きくなります。しかし、臨床試験のプロセスや医療機器認可とか専門的な話が多くなるので、本日のSTEP3の発表では、一般市場向けの幸福度測定デバイスのビジネスについて説明します。

Step3-1 ｜ TB社の顧客と提供価値

顧客とペルソナ

はじめは顧客として、TB社の分析モジュールを組み込んだデバイスを製造する会社を想定しました。ソニーやサムスン、またアップルやメタ（旧フェイスブック）という会社のイメージです。いえ、深圳あたりのもっと小さなデバイスメーカーかもしれません（笑）。

しかし、講師の先生から「こうしたデバイスメーカーはむしろ分析モジュールの販路となる会社でしょう。本当の顧客は実際の利用者ではないかな」と指摘されました。たしかにTB社も、デバイスとアプリを通じて利用者に繋がりますので、そのように考え直しました。

そうなると顧客は全世界の個人です。幸福になりたいのはすべての人の願いですよね。でも、デバイスはかなり高価なものなので、まずは比較的高収入な新しいガジェット好きの人たちが、最初のユーザーになると思います。スマートウォッチのユーザーと同じ顧客です。

しかし先生からは再び、「わかりました。それではペルソナは誰ですか？」と突っ込まれました。

それで、ふと思いました。このデバイスが一番ほしいのは私です。つまりペルソナは私、「坪川理科子・31歳・理系女子」です。私自身が一番ほしいものを全力で創り出します。

すると先生からも「iPhoneもスティーブ・ジョブズ自身が一番ほしかったものを自分で創り出したのです。自分をペルソナとすると商品開発の方針がぶれることもないですね」と後押ししてくれました。

もう振り切りました、自分自身を最高に満足させるデバイスを作ることを目標に、このプロジェクトを進めていきます

製品イメージと提供価値

TB社が提供する製品は、脳活動センサーのモジュールですが、ユーザーに提供する商品は、それを組み込んだデバイスです。

医療用には測定精度の高い、ごついヘルメット型の装置を作りますが、

《TB Glass（仮称）のイメージ図》

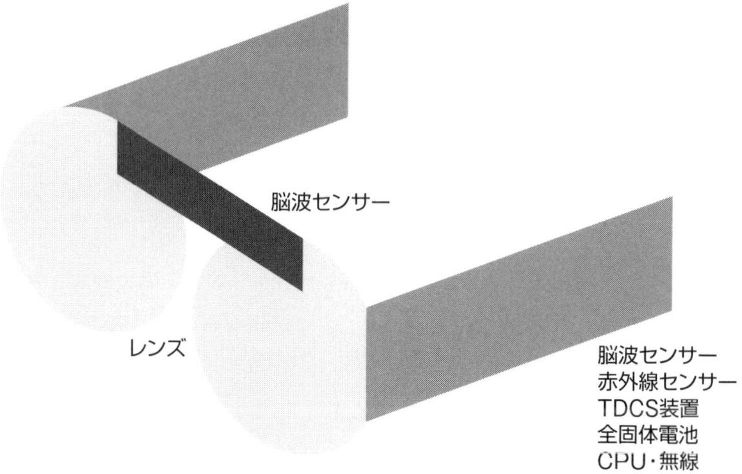

脳波センサー
レンズ
脳波センサー
赤外線センサー
TDCS装置
全固体電池
CPU・無線

一般用には手軽なデバイスを販売したいです。たとえばこれ、30年後に世界中に普及しているはずのTB Glass（仮称）をイメージしてください。

このメガネの弦(つる)にTB社のモジュールが組み込まれています。弦そのものを薄い全固体電池で作って、その中に超小型の脳電波センサーと赤外線センサーと演算チップを埋め込みます。脳内を三次元で計測するには、どうしてもメガネ弦の幅は必要なので、デザインは相当工夫する必要があります。メガネ型でなく、ゴーグル形やヘッドバンド型にしなければならないかもしれません。

製造や販売は、できれば大きなデバイスメーカーと組んで、一気に世界にTB Glassを広めたいです。

※現時点ではTB Glassができる技術的な目処は立っていない。ここはあくまで「お話」として理解いただきたい。

前回説明したように、TB社の製品はセンサーという部品ではなく、脳の活動データから感情を算出する「分析モジュール」というシステムです。このモジュールでは、タコボウズ社の協力により倫理性も測れるようになっています。また、TB社の提供価値は「自分の脳活動を常時モニタリングし、つねに幸せな状態にする」とします。

Step3-2 TB社のビジネスモデル・キャンバス

こうした議論を踏まえて、TB社のビジネスモデルを考えてみました。

《TB社のビジネスモデル・キャンバス》

KP	KA	VP	CR	CS
病院等の医療機関 アプリ開発会社 センサー製造（ツボタ等）	モジュールの企画と開発、ライセンス、医療&幸福度データの分析	感情の測定とコントロールによる幸福感の向上 AR/VRと融合した新たな体験	ウェブ・コミュニティ中心の発展	心の幸福を求める、世界中の人へ（まずは比較的高収入な人から）
	KR		**CH**	
	測定技術 医療とのネットワーク		デバイスの販売（ソニー、サムスン等）	

C$	R$
機器開発、データ収集・分析、アプリ開発	継続利用量（サブスク）

このビジネスモデルを差別化する要素が顧客関係（CR）です。

デバイスを活用するコミュニティが活発に活動し、活用場面を広げていくことが、利用者を拡大することに繋がります。

そのためには、たとえばグループで幸福度のログを比べ、さまざまな場面で幸福度の達成を目指すといった「ゲーミフィケーション」というゲーム的な要素があってもよいかもしれません。また利用や幸福度に応じて貯まるポイントの仕組みも面白いかもしれません。

こうしたコミュニティを作って、世界中に広めて使ってもらう。そのためには、オープンにした分析モジュールのAPIが、ソフトウェア開発者やデバイス設計者にどんどん広まってほしいです。

Step3-3 TB社のビジョン

TB社のビジョンは、「世界中のすべての人がTB社の測定モジュールを使い、幸せになる」ということです。メガネにも帽子にもTBのモジュールが入っていて、それを被ると幸せになる。「TBが幸せの代名詞になる」ことがビジョンです。ちょっと壮大過ぎますかね（笑）。

《TB社のビジョン》

ビジョン@2050（民生用）		世界のすべての人が、TB社の測定モジュールを使い、幸せになる。 TB＝幸せのブランド
視点	財務	モジュール：累計30億ドル サブスク：年売上0.6億ドル 人件費：年400万ドル
	顧客	世界中に約1000万台（累計）
	業務	世界中から集まるデータの分析 ライセンス管理、技術規格、開発 コミュニティ運営、医療との連携
	人材	50名の開発者を中心とした社員

顧客の視点

顧客は全世界の、幸福になりたいという、ある程度の可処分所得のある個人です。

似たような市場にスマートウォッチがあります。アップル社のアップルウォッチは、2021年時点で約1億人のユーザーがいるそうです。TB社としては、まずは直感的にその10分の1、1000万台の普及を目指します。

まずは米国市場から入って、先進国の市場を開拓したいですが、将来的に最大のユーザーがいるのは中国とインドでしょう。これもスマートウォッチと同じです。

業務の視点と人材の視点

生産設備は自前で持たずに、ファブレスで考えます。まずはツボタにライセンスして、生産してもらいます。ただし、データ分析の業務はTB社で持ち続ける必要があります。ここが競争力の源泉です。

人数も技術企画と商品企画とライセンスが中心なので、100人くらいかな。そんな「巨大企業」は、まだイメージつきませんけどね（笑）。

❯財務の視点

ここでは前提として、基本的な開発は医療市場向けで終了していて、一般市場向け製品は最小限のコストで開発できるものとして考えます。

TB社のモジュールが1000万台普及しているとしましょう。モジュールの単価が1台300ドルくらいとすると、売上は300ドル×累計1000万台＝累計30億ドルです。またアプリのライセンスは毎月5ドルくらい課金したいです。課金率を10％とすると、この売上は5ドル×12月×10％×1000万台＝年0.6億ドルです。

コストについては、ハードウェアの原価と開発費が主になります。1人あたりの人件費を平均20万ドルとすると、20万ドル×50人＝年0.1億ドルくらいですかね。

まだ粗い試算ですが、規模感で見るとやはり医療機器ビジネスのほうが大きいです。まずは医療機器ビジネスでしっかり稼ぎます（笑）。

❯❯ Step3-4 ｜ TB社の投資試算

分析モジュールの開発費用はすでに医療用に回収しているので、治験などの大きな投資はかかりません。医療市場向けビジネスでの投資回収が済んだうえで、追加的に始める事業という位置づけです。

❯❯ Step3-5 ｜ TB社のロードマップ

TB社のロードマップを書いてみました。

このロードマップのノックアウト・ファクターは、技術開発の失敗です。1つ目の可能性はセンサー開発に失敗した場合、2つ目の可能性はセンサーからのビッグデータと感情や幸福度との相関が得られない場合です。失敗した場合は、すべてを諦めなければなりません。なので、何がなんでも成功させようと思います。

まだ先のことは見えないところが多いですが、どうしても先のことが心

《 TB社のロードマップ 》

	2023年～	2028年～	2050年～
フェーズ	模索期： 初期モデルの商品化	拡大期： 米国から世界に拡大	ビジョン達成： 幸福計測のスタンダードに
財務の視点	売上ゼロ、投資1億ドル	売上100億ドル	売上320億ドル
顧客の視点	コアなコミュニティでの進化	世界にコニュニティを拡大	世界中の人が身につけるデバイス
業務の視点	センサーの開発、医療データでの分析	コニュニティ拡大、医療データの充実	幸せのプラットフォームを確立
人材の視点	ボストン中心に約20名の開発者	世界に100人の開発者	世界に150人の開発者

配になってしまいます。でもロードマップを書いてみてあらためて、あまり先の心配はせずに、この５年はセンサー・モジュールの開発と医療データの分析に邁進しようと、腹を決めました。

Step3-6 坪川さんのアクションプラン

「こんな壮大なことを語ってしまって、どうしよう」と思います。実際やるべきことを書き込むと、その多さに圧倒されます。しかし、優先順位をつけて、すべきことを着実に進めていくしかありません。毎週月曜夕方（ボストンは早朝）に定期ミーティングをして、どんどん進めていきます。

まずはTB社の仕組み作りと人材採用を進め、技術開発を進めます。TB社の設立はなんとか目処が立ちました。TB社は坪田社長とビリヤニ社長が共同代表を務めることとなりました。私はおもにセンサー技術の開発を担当し、データ分析はビリヤニ社の技術者を核に進めます。

スタートアップと仕事をすると、スピード感が10倍違う感じで、目が回りそうです。初めての仕事が多いし、おまけに仮説はころころ変わる。しかし、だからこそこうした「ダッシュボード」というツールを使って、TBのメンバー全員がつねに状況を共有して進むことが大事なのだと思います。

Step3-7 ツボタのパーパスとビジョンを伝える

ツボタのビジョンを伝えるために、未来の広報誌をイメージしたパンフレットを作ってみました。素人が作ったものなので、伊藤さんのようなインパクトはなくてすみません。（パンフレットを配る）

いかがでしょうか？

「いいじゃないですか、ツボタが作る世界のイメージがすごく伝わってくる」ですって、先生、ありがとうございます。

実はこのパンフレット、先日厚生労働省の坪村担当官にも見てもらったのです。坪村担当官は今までツボタのことを「アメリカの得体のしれないインド人と組んで、日本のデータを盗もうとする会社」と色メガネで見ていて、困っていました。

ところがこのパンフレットを渡したら、坪村担当官はじっくり読んでくれて、「ようやくわかりました。あなたたちの目指すのはこういう世界だったのですね」とおっしゃってくれました。そして、「高齢化が世界で最も進む日本で、大きな問題となるのが、高齢者の幸福です。世界で最も高齢化が進む日本から、世界に向けてその解決を発信していきましょう」と言ってくれました。

さらに、「まずは日本の病院のデータを使って分析を始めてください。そのためにはこの特区を申請すればよいですよ」とか、いろいろ教えてくれ、またキーパーソンも何人か紹介してもらいました。

パーパスを掲げ、伝えて人を巻き込む、ということが体験としてわかりました。

第6章

未来創造を進める組織と人材

本章では、第3章・STEP1～第5章・STEP3まで共通する、未来創造を実践する組織と人材について説明したい。

まずは、複数の関係者を集めた「チーム」を作り、動かす方法について、そして、会社という組織の中での未来創造マネジメントについて、最後に未来創造をリードする人材と経営者について解説する。

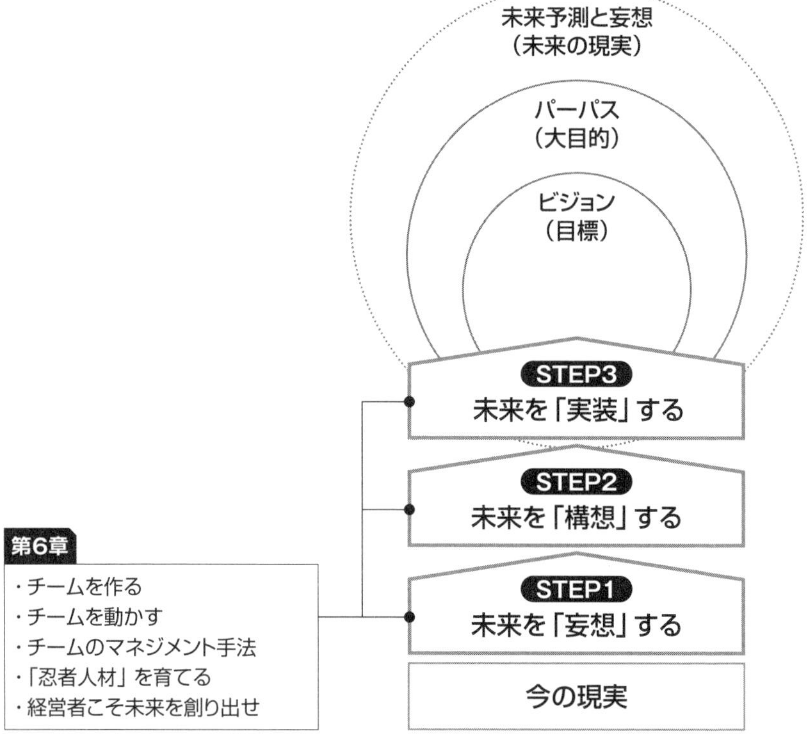

未来予測と妄想
（未来の現実）

パーパス
（大目的）

ビジョン
（目標）

STEP3
未来を「実装」する

STEP2
未来を「構想」する

STEP1
未来を「妄想」する

今の現実

第6章
・チームを作る
・チームを動かす
・チームのマネジメント手法
・「忍者人材」を育てる
・経営者こそ未来を創り出せ

第6章で学んだこと

坪川さんのプログラムを終えた感想

新しい事業を創り出すのは大変だ。

新しい事業を創り出すためには、組織を作ることも考えないといけない。誰を巻き込むとか、利害を調整するとか、私はこういうのは苦手なのよね。でもその一方で、動けるところから動くアプローチも必要とのことだった。

社会を動かすには前者の取り組みが必要だし、スピード感をもって動いていくには後者の考えが必要なのだろう。この2つのバランスをどう取っていくのかが問われるのだろう。私もそういうことができる「忍者人材」になりたいな。

さてプロジェクトは、これからが本番だ。頑張って進めよう。

でも、30年後の私たちはどうなっているのだろう？

TB社は世界を幸せにしているかな？

伊藤さんは元気で、伊州も発展しているかな？

2050年の私たちも、少し覗いてみたいなあ。

チームを作る

「小異を認めて大目的につく」

113ページで説明したように、同じパーパス（大目的）を掲げても、個人や組織の目的や価値観はそれぞれ異なる。これは仕方のないことだ。

なので、「私は病気に苦しむ人の看護に頑張っているのに、あの人は儲けようとしている。許せない！」と怒る人がいるのは仕方がない。

共通のパーパスが実現することで、それぞれの目的が達成されればよいのだ。この場合も、パーパスは「病気で苦しむ人を減らす」ことだ。「パーパスが実現できて、私は看護で人助けができて、あの人も稼げて、全員ハッピー！」と、認知を変えればよい話だ。

仲間同士で内輪もめをしていては何もできない。「小異を捨てて大同につく」、いや「**小異を認めて、大目的につく**」チームを目指そう。

動く人だけで小さく始める

大きな未来構想も、最初はごく数名の頭の中から始まる。そして紆余曲折を経ながら、大きく育っていく。

とくに最初のSTEP1とSTEP2では、妄想やパーパスという強い思いを共有できる少数の「コアメンバー」に絞り込んで検討を進めたい。「常識」とは違う未来を創り出すためには、人数を多くして「**常識という雑音**」を入れたくないのだ。

コアメンバーは、思いを共有する3～10人のイメージだ。そのコアメンバーが妄想を膨らませ、ビジネスモデルを構想し、クイックに仮説を検証していく。未来創造は、熱量の高い、少数のコアメンバーからスタートすべきなのだ。

同じパーパスの元、新しい世界を目指そうとする仲間は、会社もしくは役所といった組織の看板を背負っているにせよ、個人の集合体だ。

すでにある仕組みを回す右手の仕事ならば、会社名のほうが重要で、個人の思いや能力はあまり問われない。しかし、新しい世界を作る左手のプロジェクトでは、個人の思い、そして能力がプロジェクトの成否に直結する。

とはいっても現実の世界では、思いが同じ人たちが自発的に集まってチームを作るよりも、業務命令として半ば強制的に集めることのほうが多いだろう。そんな場合でも、上からの押しつけでなくて、チームメンバーで熱く語れる共通のテーマを設定して進めてほしい。

パーパスを実現するには、まずは「**動く人だけ**」でチームを作るの原則だ。動かない人を無理に入れる必要がなければ、まずは動く人・動きたい人が「勝手に」動くのが最も効率的だ。

動く人が勝手に動いていると、パーパスに共感するものの動いていなかった人たちも、しだいに表に出てきて一緒に動きはじめる。

企業名や組織名より「人」が大事

チームを動かすのは、結局は「個人」だ。

有力な会社や組織の人が参加するから大丈夫、というわけではない。

パーパスの実現より自社の利益を優先する人が加わると、途端にチームは機能しなくなる。

また、メンバーに指名されても、「私は何をすればよいでしょう」と受け身ばかりの人や、アイデアについて「ここは問題がある、これはできない」と問題点を指摘して悦に入っている人とか、検討をしても「上に相談しないとわかりません」と判断できない人は、チームの足を引っ張るばかりだ。

仲間を巻き込む目的は、よりダイナミックに早く動くことだ。参加者を多くして動きが遅くなったら本末転倒だ。

チームを育てる

まずは動ける数人でチームを組むとしても、しだいに人数が多くなると、パーパスやビジョンの共有度合いが弱くなる。また、必ずしも「できる人」が集まるわけでもない。

そんな彼らも、パーパスとビジョンをつねに掲げ、伝え続け、そしてその実現を目指す活動を一緒に続けるうちに、立派なメンバーとして育っていくことは多い。ピュアな思いと愚直な活動が人を動かすことを信じて続けるしかない。時間はかかるかもしれないが、そうしてチームを育てていくのだ。

ところが、ようやく素晴らしいチームができたと思ったら、メンバーが会社や組織の都合で異動してしまうことも、よくあることだ。次にも同じ志と熱意を持った人が指名されればよいのだが、なかなかそうはいかない。

現実の場面では、こうした異動がプロジェクト運営の最大の障害になることも多い。

ビジネスモデルの「へそ」となって考える

ビジネスモデルという全体像の中には、真ん中にいて旗振り役になる「へそ」が必要だ。

関係者を束ねて、この会社や組織が動いたら、他の会社もついてくるという「へそ」となる会社を選ぶのだ。

この「へそ」となるのは会社名でもあるが、それ以上に大切なのが「人」だ。パーパスに共感して、かつ口先だけなでなく、自分で動いて発信する人こそが「へそ」になる。

そんな人は、なかなかいないのが現実だ。もし他に適任者がいなければ、あなたが「へそ」になるしかない。あなた自身が「へそ」になって、パーパスという大目的に共鳴する仲間を繋げよう。

心理的安全性を担保する

「心理的安全性」という言葉を聞いたことがあるかもしれない。

グーグルが社内の数百のチームを分析した結果、生産性の高い組織にはいろいろなパターンがあるが、共通する唯一のことは心理的安全性が高いことだと発表して注目をあつめた言葉だ。

心理的安全性とは、どんな意見を言っても、間違いも指摘しても、指摘されても、助けを求めても、「大丈夫」という組織だ。上司に忖度して、周りに遠慮して、言いたいことも言わない組織とは真逆の組織だ。

左手の未来創造を進めるためには、心理的安全性は不可欠だ。

※心的安全性の高い組織をどう作るかについては『心理的安全性のつくりかた』石井遼介（日本能率協会マネジメントセンター）などを参考にしていただきたい。

チームを動かす

「協力のテクノロジー」

関係者を巻き込むには、すべての参加者がハッピーになるビジネスモデルを描く必要がある。しかし、合理的に見えるビジネスモデルを構想したとしても、必ずしも全員が納得するものではない。

それでも「動く人が動けば、動かせる」なら問題はない。納得できない関係者に関わるエネルギーは、使わなくて済むなら使いたくない。

しかし、納得できないでいる関係者を動かさないとパーパスが実現できないならば、時間をかけてでも、彼らの納得と信頼を得ることが必要だ。

まずは関係者を理解し、課題となっている状況を１つひとつ解決し、共通のパーパス実現に向けて関係者を動かしていく。

そのために必要となるのが「**協力のテクノロジー**」だ。詳細は『協力のテクノロジー』松原明／大社充（学芸出版社）に紹介されているが、まさにテクノロジーという技法なので、必要に応じて身につけ活用していこう。

表からは見えない「組織の力学」を理解する

会社という営利組織の中にいると、組織はある目標や目的のもとに、利益の最大化を目指して動くものであり、上位者が命令によりメンバーを動かせるものと思いがちだ。しかし世の中は、そうした組織ばかりではない。

利益では動かない、むしろ利益を語ると反感を買う組織、参加者全員が公平であり指示や命令ができない組織、全会一致が原則で１人でも反対者がいる限り意思決定できない組織、などは少なくない。

話をもっていく順番などが大事で、それを間違えるとヘソを曲げてすべてが止まる組織もある。一緒に飲みに行くまでは、なかなか本質的な議論ができない組織など、組織にはいろいろな個性がある。

こうした、表からは見えない「組織の力学」の違いを理解し、それでも共通のパーパスに向かって関係者を動かしていくわけだ。

関係者の目的が違うことを前提に考える

「協力のテクノロジー」の大前提は、関係者の目的と思考は、すべて異なっているということだ。同じ会社の中ならば、価値観や仕事の進め方は基本的に共通している。しかし、組織が違うとその前提は通用しない。相手は自分と同じ考えをするであろう、という想定は危険だ。

仮に同じパーパスで関係者が一致団結したとしても、その実現により期待しているものは組織間で、または同じ組織でも個人間で相当違う。一見不合理に見える目的や思考も、彼らの組織や個人の背景を理解すると、理由があることがわかるはずだ。

すべての組織や人の希望を満たすことは不可能だ。しかし彼らの（隠れた）目的を理解すると、無用な困難を避けることができる。

しかし、パーパスを共有しないまま、最初から大勢の関係者を招くと、はじめから利害対立で止まってしまい、まず進まない。

最悪なのが「コンソーシアム」形式かもしれない。業界のリーダー的な会社や団体を一同に揃えるわけだが、事前にパーパスを共有していないと、自社の利益代表としての発言になりがちだ。

全会一致が原則だが、だれも責任を主体的に取るわけではない。事前の根回しが大変な割に、結局は当たり障りのない提言が採択され、何も変わらないという結果になりがちだ。

社内のほうが動きにくい場合も

このように社外の関係者を動かすことは大変だ。しかし大企業の場合、ともすると社内を動かすほうが大変だという話も多い。

ひどい例だと、仮説を顧客にヒアリングしようとしたら関係部門からストップがかかり、延々と社内の資料作成と説明を重ね、ようやく顧客にヒアリングするまでに半年かかった、という話もある。本来なら、その場で顧客候補を調べて電話をすれば、２時間で済む話のはずだ。

社外の関係者全員から承認を取れたにもかかわらず、社内の稟議が「もし社外から反対されたらどうするのだ」と言われたまま止まっている、という笑えない話も聞いたことがある。

たしかに、社外を動かすのは大変だ。しかし、社内を動かす「高度な」スキルを身につけた大企業の読者は、過度に心配することはない。そのスキルを最大限に活用すればよい。

その一方で、大企業にいるとモノカルチャーに染まりがちだ。「相手の考え方は自分とは違う」ということをつねに意識して、検討を進めていこう。

既得権益や抵抗勢力の課題

未来を創り出すうえで、一番の障害となるのが「既得権益」だ。

既得権益を得ている人たちは、必ずしも「悪人」というわけではない。

たとえば、「IT化に最も反対するのは善良な一般社員」ということは多い。彼らは言われた仕事を真面目に進める（いわば）善人だ。しかし、「IT化することで仕事を失うかもしれない。若い連中より仕事ができないという烙印を押されるかもしれない」という（多くは意識されない）恐怖もあるはずだ。そうなると、会社にとって合理的な選択でも、個人としては反対する。また、たんに新しいことを習得するのは面倒で嫌だ、という理由で動かない人たちも多い。

彼らの（隠れた）不安に対しては、丁寧に説明するとともに、先行したプロジェクトでの成功を示して、「新しいプロジェクトに参加したほうが自分も得する」という情報を伝えていくことが有効だ。

しかし、そうした多数派以外に、明らかな抵抗勢力が居ることも少なくない。彼らの反対理由はたとえば、「新しい試みが成功すると自分の特殊技能を発揮する場面がなくなる」とか、「プロジェクトリーダーに個人的な恨みがある」といった、利害や感情に直接的に関わるものだ。

そうなると彼らは、表面的には協力を装いつつ、陰に陽にかつ本気でプロジェクトを妨害してくる。彼らに対処する方法論についても、前掲の『協力のテクノロジー』を参考にしてほしい。

こうしたことに、いちいち怒っても仕方がない。「世の中そんなものだ。人生勉強の1つだ」と思って、1つひとつ対処するしかない。

最初は「目立たずコソコソと」が基本

プロジェクトは、必要以上に社内で目立つことは感心しない。成功するまでは、プロジェクトに対していくらでも難癖をつけられるからだ。とくにマスコミに大々的に取りあげられたりすると、ヤッカミを生みやすい。

最初は、できるかぎり目立たずに「コソコソ」と進めて、成功事例がおおっぴらに語れるようになってからも、社内に対しては謙虚にしていたほうがよい。

プロジェクトが成功すると、ずっと反対していた人でさえも「オレがやった」と言いはじめる。頭にくるかもしれないが、パーパスの実現と自分の自己顕示欲の満足と、どちらが自分にとって重要かを、冷静に振り返ればよい。

チームのマネジメント手法

未来創造は本業から「切り離したマネジメント」をする

18ページで述べたように、「左手」の未来創造は「右手」の本業とは真逆の存在だ。そして、年度ごとの利益で評価される本業にとって、赤字となる未来創造は邪魔者だ。

仮に「本業との親和性が高い」といった理由で、未来創造のチームが本業の組織の中に置かれると、すぐに未来創造の活動は止まる。そして当初は未来創造に割り振られていた経営資源も、次第に本業に引き抜かれていく。本業にとっては、それが合理的な選択なのだ。

これをシリアルアントレプレナーの守屋実氏は、「**本業からの汚染**」と表現している。左手の未来創造は、右手の本業とは切り離してマネジメントする必要がある。

組織とマネジメントを本業から切り離す

未来創造を推進する組織は、経営者の直下に置く。これは大原則だ。

実際の会社だと、「新規事業推進室」「新領域創造事業部」「未来プロジェクト室」といった部門が担当することとなるだろう。

そして、財務経理・人事評価・意思決定といったマネジメントの基本的な仕組みも、以下のように本業とは別立てにすべきだ。

こうしたマネジメントの切り離しは、いずれも新たな社内規定として公式に作り始めると大変な時間と労力がかかる。まずは、運用面での「例外扱い」という形で始めてみるのが現実的だろう。

財務経理の仕組みの切り離し

本業は、3年程度の中期経営計画のもと、単年度の損益計算の結果で業績を評価する。36ページで説明したとおり、この仕組みのもとでは未来は創り出せない。

本業と同じ財務経理の仕組みを適用してしまうと、投資フェーズの時期にも毎年の単年度黒字を求めてしまい、必要な投資もできなくなる。またビジネスモデルを構想する余裕のないまま、小手先の営業を頑張りがちだ。

こうして、未来創造のプロジェクトは「失敗の烙印」を押されて解散し、以後は「黒歴史」のみが残る。ヘタをすると、この失敗の記憶がずっと残ったまま、未来創造にチャレンジできない会社になってしまう。

人事評価の切り離し

本業の基本は「すべきことを正しくする」ことであり、ミスや失敗をすると大きなマイナス評価がつく。

それに対し、未来創造は「失敗という経験」を通じて知見を高め、最後に成功をつかみ取るプロセスだ。この「貴重な失敗」を積み重ね、学習してきた人こそ、価値のある人材だ。

それが本業と同じ人事評価を未来創造の部門に当てはめると、最も価値の高い人材が、最もマイナス評価されてしまう。

社員もそんな先例を見てしまうと、チャレンジしようとしなくなる。そして、未来創造の人材が育たない会社になってしまう。

意思決定の切り離し

本業は、業務がある程度パターン化されているので、前例を知る人が揃った会議で議論し、全員賛成が前提の稟議による意思決定をしても回る。

しかし未来創造とは、前例がない、かつスピード勝負の世界だ。未来創造では、情報がそもそも不足し、それも変化するなか、メンバーが迅速に意思決定を重ねていかなければならない。稟議や根回しをしている時間はない。また全員が賛成した結論が正しい、ということは（経験則的に）ほとんどない。

「忍者人材」を育てる

未来を創り出す「忍者人材」

組織の人材には、「右手」の本業を任せると完璧に実行する管理者人材と、「左手」の新規事業や未来創造が得意な起業家人材がある。

オムロンの竹林一氏は、右利きの管理者人材を「**武士**」、左利きの起業家人材を「**忍者**」とわかりやすく喩えている。

「武士」といっても戦国時代でなくて江戸時代の武士だ。江戸時代の武士は家柄や格式が大事で家名を汚してはならない。立派なお城に通い、主君に直接会う機会はほとんどなく、上司の命令に忠実に服従しなければならない。細かな礼儀作法が大切で、行事を滞りなく進める（成功する）のは当然。失敗をしたら切腹して詫びなければならない場面もある。

それに対して「忍者」は、主君の直下で、隠れてこそこそ動く。目立ってはいけない。敵地（新しい市場）を探り、大名（関係者）の間の提携とか、新しい作戦といった仕事を仕掛けていく。

忍者の仕事は、必ずしも成功するわけではない。いろいろ仕掛けていって、そのうち成功するのはごく一部だ。しかし仕事が不首尾でも、忍者は切腹してはいけない。しぶとく生き延びる必要がある。

未来を創り出す人材とは、この「**忍者人材**」だといってよい。

忍者人材は経験させて発掘する

日本企業には、本業をうまく管理する「武士人材」は多いが、新たな事業を創り出す「忍者人材」が圧倒的に不足している。

これは素質の問題ではない。忍者としての経験や訓練をしていないから、仮に素質がある人でも、忍者になる機会がないのだ。

しかし、実際に新規事業や未来創造のプログラムを経験すると、最初こそ「左手」を使うのに苦労するものの、「こっちのほうが楽しい。性格に合っている」と気づく参加者は少なくない。

すべての人に忍者人材としての成長を期待することは現実的でなく、また必要でもない。人間には向き不向きがあるし、城を守る主役は武士だ。忍者は武士の１割もいれば、十分だ。

さらにいうと、向き不向きがあるとはいえ、武士と忍者の両方できるほうが、活躍する場面が広がる。いつもは武士をやっているが、いざとなったら忍者もできる、という人材だ。

失敗を経験してこそ忍者は育つ

忍者を育てるのは、実際に忍者修行をさせるしかない。

座学だけでは忍者になれない。忍者の教科書を読めば「正しい手裏剣の投げ方」などが書いてあるかもしれない。しかしその内容は、実際に訓練することではじめて身につけられるものだ。

忍者修行とは失敗の連続だ。最初から忍術を使える人はいない。何回もトライして、ようやくうまくできるようになる。

ところが、１度失敗したら「自分には適性がない」と思ってしまう人は多い。また多くの日本企業は、失敗すると担当を外す。それではいつまでたっても忍者は育たず、未来創造はできないままだ。

まずは「未来創造プログラム」への参加を入口に、忍者人材を育てていこう。

未来創造を経験することで「一皮むけて」成長する

未来創造のチームメンバーに、最初から「できる忍者たち」が集うことはない。最初に集まるのは、よくわからないパーパスを掲げる変わり者と、なぜか指名されてしまった「どこか心許ない人たち」というのが現実だ。

しかし、未来創造のパーパスを掲げ、ビジョンの実現に向けて努力しているうちに、そんな彼らが次第にリーダーとして変身していくのだ。

この過程は、映画の世界で描かれる「冒険ストーリー」に似ている。集まった仲間が、困難のなか共通の目標を目指すのだ。ときにはお互い対立することもあるだろうし、去っていくメンバーや新たに迎えるメンバーもあるだろう。

そして、そんな経験を積むうちに、最初は心許なかったチームが、お互いの個性を発揮し、どんどん力強く成長していくのだ。

未来創造という困難に真剣にチャレンジをすることで、仮にそのチャレンジには失敗したとしても、メンバー1人ひとりがリーダーとして「一皮むけて」大きく成長しているのだ。

「青黒い忍者」になろう

忍者は、パーパスという「青くさい想い」を持っている。この青くさい想いを失ってしまうと、関係者を動かすことはできない。

しかし忍者は同時に、自分のチームや会社を動かす必要がある。そのためには、組織の力学や人間関係を理解して動かす、ある程度の「腹黒さ」も必要だ。そうした腹黒さがないと、会社の中での居場所さえ失いかねない。

この青くささと腹黒さ、どちらが欠けても忍者として動けないし、どちらか一方では忍者ではない。両方を兼ね備えた「**青黒い忍者**」を目指そう。

困難は「想定内」、良い経験だと思って楽しむしかない

未来創造は、楽しい仕事であると同時に、たいへんツラい仕事でもある。

失敗したら努力は無に帰す。また苦労して成功しても、関係ない（どころか邪魔をしていた）人たちが「オレの成果だと」と手柄を横取りする。

「やっていられない」と思うかもしれない。しかしそんなことは「想定内」だ。大変なことは、はじめからわかっているのだ。

「それでもやる。やりたい！」 そんな「覚悟」を持って取り組むのが未来創造だといえる。

もしも、未来創造に失敗しても、チャレンジした経験は、あなたの宝物になる。このチャレンジを通じて、あなたのスキルも、視座も、ネットワークも、格段に高まるはずだ。

それに（社内起業の場合）失うものは、意外と少ない。失敗しても会社をクビになることはないだろう。せいぜい出世が遅れるとか、左遷されるくらいの話だ。

仮に失敗しても、頑張りが経営陣に認められ活躍の場が広がったとか、新しい人脈を得てもっとやりたい仕事をつかんだ、という人は数多い。

つまり、未来創造プログラムは、仮に失敗してもリスクは限定的で、成功したときのリターンは結構大きいのだ。

未来創造プログラムには、多様な困難が降りかかる。それらをどこか第三者的に「良い経験」だと思って、楽しんでほしい。

ぜひ覚悟を決めて、失敗の山をくぐり抜け、新しい未来を創り出していこう。

経営者こそ未来を創り出せ

経営者の仕事は未来を創り出すこと

経営者など組織のトップの仕事とは、現実を回したり、利益を生み出すことではない。

現実を回し利益を生み出すのは事業部長など事業責任者の仕事だ。経営者の仕事とは、パーパスを掲げ、ビジョンを描き、ビジネスモデルを構想し、会社や組織を動かし、未来を創り出すことだ。

「今の売上や利益を多少犠牲にしても、未来創造に取り組むべき」という判断は、経営者にしかできない。未来創造こそ、経営者が為すべき仕事なのだ。

組織のトップは忍者の経験者であるべき

組織には、「右手使いの武士」と「左手使いの忍者」の両方が必要だ。

経営者は、右利きの武士と左利きの忍者の両方を使いこなさなければならない。ところが忍者の経験がまったくない経営者は、得意の右手ばかりを使おうとして、忍者を遠ざけ排除してしまう。

ほとんどの人は、新入社員のときから右手の本業を担当し、しだいに出世していく。新規事業や未来創造といった左手を使う機会はなかなかない。役員にまで昇進しても、右手の仕事しか経験がない人も少なくない。

それでは未来は創り出せない。組織の中に、左手の使える次世代の経営人材（おもに部長クラス）を育てていこう。

そうした左手を使える経営人材を増やしていくために、有効な手段として未来創造の検討プログラムも積極的に活用いただきたい。

数か月くらいの短い期間だとしても、こうしたプログラムで真剣な検討をすれば、参加者はそこそこの左手使いとして育ち、組織の中に左手人材をプールすることもできる。

その内容については、42ページに記載したとおりだ。

経営者の覚悟がすべてを決める

未来創造には時間がかかる。そうなると本業からは、「あの連中は何を遊んでいるのだ」とか、「俺の事業部から優秀な○○君を引き抜くとは何ごとだ」といった「雑音」が必ず上がってくる。

そんな雑音からメンバーを守れるのも、経営者しかいない。未来創造の成功には、経営者自身が本気で取り組む覚悟が必要だ。

覚悟がない経営者は、本業が忙しくなるとすぐに「本業を手伝え」と人を戻すし、逆に本業の調子が悪くなると「目の前の利益確保が優先」と未来創造を中断する話をする。そうなると、未来創造に真面目に取り組む分だけバカを見る。

また経営者とは、最後に責任を取らなければならない人、つまり「逃げられない（はずの）人」だ。未来創造は、経営者が腹を括って逃げずに取り組むことが、何よりも大切だ。

未来など簡単に創造できない。事業を構想し、仲間を集め、関係者の利害を調整し、関係者の協力を得てトラブルを乗り越えていく。

この困難のなか、最終責任者が「オレは責任を取らない」などと逃げてしまうと、すべてが瓦解する。

自社を持続的に成長させることに本気で取り組むならば、経営者こそが、本気で新事業を推進する覚悟を持たなければならない。

もしあなたが経営者だとしたら、もしくは経営者を志すとしたら、「左手」使いの忍者としての経験を経て、あなたの会社や組織の未来を、本気で創り出していってほしい。

未来創造プログラムから時が流れた2050年、伊藤さんの呼びかけで、プログラムへの参加者が久しぶりに集まり旧交を温めた。その懇親会での会話を見てみよう。

2050年の伊州屋

皆さんと先生、本当にお久しぶりです。伊藤でございます。オンラインでは時々連絡を取りあっていましたが、リアルでの会合もやっぱりいいですね。まずは、近況報告させていただきます。

▶伊藤さんの家族@2050

私は今年で60歳、20年前に社長を継いで伊州屋の３代目当主になりました。高校同期の３割が未婚、６割が離婚するなか、例外的に仲良い夫婦です。２年に１度はあのイオニア海のホテルに一緒に旅行することが、夫婦円満の秘訣です。

両親は98歳と92歳になりましたが、昔より元気かもしれません。毎日ＶＲの海外旅行番組を見ながら、その番組が提供するロボット調理宅配の旅先の国の食事を楽しんでいます。何でも昨日はエチオピアにＶＲ旅行して、リアルでも行きたくなったそうです。こうしたVR旅行の普及が、リアルな旅行市場も広げているようです。

息子は31歳、メタバース・デザイナーです。シンガポールの大学に進学して、そこで知り合った同性のパートナーと一緒に、半年ごとに世界各地に移り住む生活をしていて、今はベトナムのダナンの海岸で、ブラジルから受けた仕事をしているそうです。ビデオメッセージを見ると、いつも２人で楽しそうですが、息子は日本語しか話さず、ＡＩが中国語に同時通訳しつつ２人の仲を取り持っているようです。

伊州屋の経営

伊州屋は、2030年までは市内に10店舗ありましたが、今は倉庫兼用の２店舗のみです。この２店はショールーム的に、地場の生鮮品と海外の新しい商品を中心に商品の魅力を伝えています。売上は以前の半分以下ですが、ＡＩによる販売最適化で利益は十分確保できています。

もう「買い物」なんて言葉は死語ですね。注文の９割はネット経由、店舗で注文を受けても配送は全部宅配ですから。商品が山のように積まれて、たくさんの人で賑わった昔のスーパーにも郷愁を感じますが、消費者としては今の生活のほうがずっと便利だと思います。

そうそう、この映像も見てください（ＶＲ動画を投影）。息子が作った伊州屋のプロモーション映像です、なかなかよいでしょう？

伊州市の観光事業

あと私、伊州市DMOの「♡ISSUE」のアドバイザーの仕事も続けています。♡ISSUE（ラブ・イシュー）の♡（LOVE）は「Location Value Empowerment」（地域価値増強）の略で、以前に広告代理店に勤めていた農家の伊能さんのセンスでつけた名前です。

♡ISSUEが毎週アップする伊州市の観光案内のVR動画は、おかげさまで毎回世界100万人に見ていただく人気番組に育っています。

ここまで来たのは、市民も共感するパーパスを掲げ、現実的なビジネスモデルを構想したおかげです。先生には本当に感謝しています。

♡ISSUEの代表理事は伊原ジュニアです。彼はイタリアへの旅行をきっかけに、インバウンド観光こそ伊州市の生きる道だと確信したそうです。伊州ホテルの社長就任の翌年に、日本と中国の投資銀行から資金を入れて、伊州ホテルを大改装し温泉も掘削しました。もっとも、最初の掘削失敗では年寄りの多かった当時の伊州旅館組合の面々からは相当批判されて大変だったそうです。そうそう、伊州温泉のリラックス効果のエビデンス取得については、ツボタさんに大変お世話になりました。

2040年には、伊原ジュニアを発起人として観光経営専門大学の伊州校を誘致し、芸文大学の伊社教授を学長として招聘しました。今では伊社学長の薫陶を受けた卒業生たちが日本各地の観光を続々と産業化し、日本のインバウンド観光を盛り上げています。観光産業が外貨を安定して稼いでいるので、私たちの老後も安心できそうですね。

伊州市の新しい産業

農家の伊能さんは2030年から、農園に住みながら最新のSTEAM（科学・技術・工学・芸術・数学）教育を受けることができるという「農園留学」を始めました。学校に馴染めない不登校の子供たちが、自然に触れながら新しい才能を開花させる動画がバズって以来、伊能さんの学校は世界からも注目を集めています。

また、2030年頃にはシャッター通りになっていた伊州の駅前商店街も、伊州商工会の会頭になった元ＤＪの伊澤さんが、引退する団塊世代の店を次々に買い取って、居心地のよいオープンスペースに改装していきました。さらに商店街への乗り入れを小型ＥＶに限り、ナイト・コンサートを始めるなど、駅前に人が集まる工夫をしました。今では天気のよい日の駅前商店街は、ワインやカフェを飲みながらくつろぐ市民と観光客で賑やかです。

釣り師の伊森さんも、最初は伊州ホテルの桟橋から小さな釣り船を出していたのですが、伊森さんファンのリピーターが増えて、次第に船も大きくなりました。今では30名乗りの豪華クルーザーに宿泊し、釣った魚を船内で伊森さんが捌いて料理するという「１泊20万円の釣りツアー」が３年先まで予約で一杯だそうです。

♡ISSUEの事務局として頑張ってくれた市役所の伊岡さんは、2045年に市長に立候補して見事当選、現在２期目です。私たちが取り組んできた、若い人が自由に活躍する伊州市を作る、という地道な活動を市民が見てくれていた結果だと思います。

NINJAの里ISSUE

伊州市は今、「NINJAの里ISSUE」として世界的に有名です。

世界中で大ヒットしたアニメ「NINJAの刃」の舞台が伊州市であること

は皆さんご存知と思います。伊州市と忍者は歴史的にはあまり関係がないし、ロケ地は韓国なのですが、まあいいでしょう。

伊州ホテルも「NINJA CASTLE」という和風の新館を建設して、海外のファミリーで賑わっています。伊州市内にもNINJA CAFÉがたくさんできて、店員さんが手品でお客を楽しませてくれます。ダンスとARを組み合わせたNINJA Showは毎晩盛況ですし、駅前広場で突然はじまるNINJA Mobには、市民もノリノリで参加してくれます。

若い頃にＤＪをしていた伊州商工会の伊澤会頭も毎週末のISSUE LIVEにNINJA DJとして参加してくれます。また、日本文化伝道師の伊豊さんも、古民家で茶道と剣術をベースとした忍法の文武両道の日本文化を教えるNINJA Masterとして、なぜか南米女子に大人気です。

ところで今日の懇親会の前に、このプログラムの最初に妄想した発表資料を先生が見せてくれました。もう30年近く前のことで、とても懐かしかったです。あらためて見てみると、半分忘れてしまった妄想が、今はいろいろと実現していることに感動しました。

そうそう、このプログラムの途中にパワハラで辞任した伊州ホテルの先代の伊原社長が、先日亡くなりました。87歳、まだ働き盛りでした。

でも30年前の先代の社長と会長の辞任で、世代交代が実現して、若い世代が活躍する新しい流れが生まれたと思います。

たまたまお通夜の席で、伊原ジュニアに思わず「結果的にタイミングが良かっですね」と口を滑らせてしまいました。「しまった！」と思ったのですが、伊原ジュニアはニヤリと笑って、「そうですね、ここはNINJAの里ですからね」と返してきました。伊原ジュニアこそ、本物のNINJAだったのかもしれません。

2050年のツボタ

皆さんと先生、本当にお久しぶりです。坪川でございます。皆さんも先生もお変わりないですね。医療の進歩で老化を予防できるようになったおかげです。

坪川さんの状況

私は今、ＴＢ社の共同代表と親会社のツボタの役員をしています、えーと、独身です。

でも、いい人はいます。たくさんいます（笑）。今は仲のいい男性同僚２名の家族とシェアハウス暮らしです。彼らの子供たちも私のことを母親みたく慕ってくれて、かわいいです。昔だったら考えられない人間関係ですよね。

ボストンでもシェアハウスのメンバーになっていて、そこではパキスタンとモザンビークの子供を「家族」として育てています。私の仕事はメタバース上でほとんどできるので、先週まで１か月間、バリ島で仕事をしていました。これも昔では考えられないライフスタイルですよね。

TB社の製品

このメガネ型のデバイス、今月ソニーが発売したばかりの最新の「SONY VR Glass 17」です。TB社の分析モジュールもメガネの弦に組み込まれていて、赤外線スキャンで脳活動を、グラス面から網膜血流を、そしてマイクで音声から感情を測ります。別売りのアタッチメントをつければ微弱電流で脳を刺激することもできます。

もう皆さんご存知と思いますが、怒りの感情を感知すると、このモニタの端っこが赤く点滅します。怒りは幸福と健康と美容に悪いですからね。赤が点灯したら瞑想などで心を落ち着かせる指示が出て、穏やかな音楽が流れます。フロー状態の緑か、平安の水色が点灯すると幸福度が高い状態なのですが、私はまだそこまで悟れていません（笑）。

医療用には帽子型の「TB Monitor」があります。これを装着すると、脳の深部の活動状態まで分析することができて、感情もより正確に読めます。また今の判断が自分の倫理観に沿ったものなのか、目先の私利私欲に迷わされたものなのかまで判別できます。例のタコボウズ先生の研究のおかげで、脳の活動分析からここまでわかるのですよ。

病院で入院中の患者さんも、「TB Monitor」をよく装着なさっています。怒りや不安の感情が消えると、免疫力が高まり自然治癒が促進されて、入院期間が短くなって医療費も少なくなるのですよ。

TB社の技術開発の経緯

ＴＢ社がユニコーンになれたのは、「BMI技術の発展期にエビデンスのしっかりしたデバイスを投入した」というタイミングのお陰です。

でも、デバイスの製作は本当に大変だったんですよ。脳活動センサーは当時まだ不安定で、データを取るのもひと苦労でした。開発期間は５年という締め切りもあったし、ストレスはMAXでした。

最初の試作機で自分をテストしたら、怒りの赤と興奮の黄色と不安の青が点きっぱなしで、はじめは故障かと思いましたよ。今でもときどき当時の悪夢で飛び起きます（笑）。

しかし、臨床試験については厚生労働省の坪村さんの協力で東大病院が、そしてタンドリ・ビリヤニ氏の母校のボストン大学の病院が全面協力してくれて、データが順調に集まりました。

そうしたデータの解析の結果、「患者さんの不安や怒りが静まると、体内の免疫活性物質の濃度が高まり、逆に活性酸素が減って、病気の治りが早くなる」という、今では当たり前の知見が証明されました。

それをきっかけに、医療機関が本気で取り組み始めてくれました。とくにアメリカは、保険会社が動いたのが大きかったです。入院期間中にTB Monitor を装着した場合に保険料を割り引くという仕組みで、これで市場が一気に広がりました。

競合も数社か登場しましたが、エビデンスのデータ量で我々が頭ひとつ抜けていたので、何とか生き残りました。

❯コミュニティの誕生

おかげさまで、2028年に出した一般市場向けの「TB Glass」も話題になりました。最初に登場したのはヘアバンド型のけっこう無骨なデバイスでしたが、それでもTB Glassを活用するコミュニティがいろいろ登場しました。コミュニティ参加者が、いろいろな組織での幸福度を測定して公表しはじめたんですよ！

これは大きな社会的なインパクトとなりました。測定結果に対する反論も多数ありましたが、医学的なエビデンスのあるデータは強かったです。しだいに、給料がよい会社より、「社員を幸せにする組織」が選ばれるようになってきました。社員の幸福度が低い会社や組織は、社員の離職が相次いでどんどん倒産したほどです。今はどの組織も、社員やお客をいかに幸福にするかを、本気で考えるようになりました。

「社員とお客と社会を幸福にする」ということが、今は客観的な数字で測れます。今では利益率より「幸福率」のほうが、経営で重要な指標とみなされるようになっています。

また、地域ごとの幸福度が可視化されてきたので、国や自治体が幸福度競争を始めるようになりました。

❯新たな用途への展開

中国での大規模な展開は当初の想定外でした。

2035年のラスベガスでのCES（電子機器見本市）での発表の直後に、中国の政府高官から直接コンタクトがありました。なんでも役人の道徳度を向上させたいとのことでした。社内で喧々諤々の議論がありましたが、計測ロジックをいっさい変更しないことと、模造品対策をしっかり行うという条件でGOを出しました。

そこからの展開は劇的でした。2040年から政府の役人は皆勤務中にTB Monitorの着用を義務づけられました。彼らの勤務時間中の道徳状態が表示されるようになり、私利私欲など不道徳な判断をしようとすると、赤いランプが点灯するようにしました。最初は赤ばかり点灯していたそうですが、しだいに道徳的な青いランプの点灯が多くなり、今では世界の模範となる素晴らしい行政運営をするようになっています。そして来年は、インドも公務員のTB Monitor着用義務化に踏み切りますよ。

欧米や日本でも市民団体が政治家や行政機関にTB Monitorの着用を求めるようになっています。着用を断固拒否している政治家も多いのですが、彼らは次の選挙では落選するのではないかしら？

パーパスが実現した世界

幸福度を高めるサービスも花盛りですが、自分だけの幸福追求よりも、社会全体の幸福追求が求められるようになっています。世の中の流れは、自己の利益や権力の追求から、自分と他者の幸福の追求へとどんどん変わってきています。

30年前に先生が教えてくれたように、マズローの言う自己実現から自己超越への追求に、世界がシフトしているのでしょう。ＴＢ社もその一翼を担っているわけで、とても嬉しいです。

最近は、シェアハウスに戻ると平安の水色がたくさん点灯します。時々、「こんなに幸せでいいのだろうか？」とさえ思います。でもこれこそが、私たちが目指していたパーパスが実現した世界なのだろうな、と思います。

30年前のプログラムがきっかけで、こうした未来が創り出せるものだとは思っていませんでした。当時、実は「こんな未来なんか来るわけないよな」と内心思いながら妄想したのですが、現実のほうが妄想をはるかに超えました。

幸福度を測れるようになって以来、世の中は着実に良い方向に向かっていると思います。こうした世界を創り出すことに、私も少し貢献していたとしたら、こんなに幸せなことはありません。

あぁ！　今、目の前が緑の光で一杯です（笑)。

BOOK GUIDE

未来を創り出すにために参考となる本を以下に紹介する。

未来の「妄想」に関する本

未来予測に関する本は数多い。その中でも、事実に基づき、長期的な視野で俯瞰し、自らの視点で未来を「妄想」する本を紹介する。

『FACTFULNESS』ハンス・ロスリング／オーラ・ロスリング／アンナ・ロスリング・ロンランド（日経BP）2019年
『進歩』ヨハン・ノルベリ（晶文社）2018年
『テクノロジーの世界経済史』カール・B・フレイ（日経BP）2020年
『楽観主義者の未来予測（上・下）』ピーター・H.ディアマンディス／スティーヴン・コトラー（早川書房）2014年
『2050年世界人口大減少』ダリル・ブリッカー／ジョン・イビットソン（文藝春秋）2020年
『Slowdown 減速する素晴らしき世界』ダニー・ドーリング（東洋経済新報社）2022年
『新しい世界の資源地図』ダニエル・ヤーギン（東洋経済新報社）2022年
『次なる100年』水野和夫（東洋経済新報社）2022年
「未来年表」（https://seikatsusoken.jp/futuretimeline/）博報堂生活総合研究所

デジタルが変える未来に関する本

デジタルは、時代に応じてテーマが変わるが、ここではすぐに変わる話題でなくて、長期間のデジタル・トレンドを説明する本を紹介する。

『シンギュラリティは近い』レイ・カーツワイル（NHK出版）2016年

『2030年：すべてが「加速」する世界に備えよ』ピーター・ディアマンデス／スティーブン・コトラー（NewsPicksパブリッシング）2020年
『限界費用ゼロ社会』ジェレミー・リフキン（NHK出版）2015年
『MAKERS　21世紀尾の産業革命がはじまる』クリス・アンダーソン（NHK出版）2012年
『ディープテック』丸幸弘／尾原和啓（日経BP）2019年

未来の「構想」と「実装」に関する本

未来を構想し実装するために必要となる、基本的な考え方やアプローチについてより理解を深めるための本を紹介する。

『両利きの経営』チャールズ・A・オライリー／マイケル・L・タッシュマン（東洋経済新報社）2019年
『3000億円の事業を生み出す「ビジネスプロデュース」成功への道』三宅孝之／島崎崇（PHP研究所）2017年
『ひとりの妄想で未来は変わる』佐宗邦威（日経BP）2019年
『偉大な組織の最小抵抗経路』ロバート・フリッツ（Evolving）2019年
『トランスフォーメーション思考』植野大輔／堀田創（翔泳社）2022年
『リーンマネジメントの教科書』細野真悟（日経BP）2022年
『協力のテクノロジー』松原明／大社充（学芸出版社）2022年
『デービッド・アトキンソン 新・観光立国論』デービッド・アトキンソン（東洋経済新報社）2015年

おわりに

今まさに未来創造が求められている

事業戦略を作るという仕事のテーマも、時代によって変わる。

2000年代初頭は、まだ日本の国内市場が元気だった。当時の戦略検討の中心テーマは、登場したばかりのインターネットを活用して、いかに国内市場を開拓するかというマーケティング戦略だった。

2010年代に入ると、新興国市場の急成長にともない、そうした市場をいかに攻めるかという、海外事業戦略のテーマが増えた。

2015年頃になると、現在の本業を頑張ることの限界が見えはじめ、新規事業の検討依頼が多くなってきた。私の現在の仕事の半分以上が、この新規事業の創造だ。

この変化に合わせる形で、私も2010年に『経営戦略ワークブック』、2014年に『海外戦略ワークブック』、2015年に『新事業開発ワークブック』を上梓してきた。

しかし、2020年になると、本業そのものが大きく環境変化に晒され、下手をすると業界ごと消滅する可能性のある事業も増えてきた。そうなると、「はみだし」的に新規事業を検討するだけでは間に合わない、新たに大きな事業を創り出す「未来創造」を求める会社が多くなってきた。

この本は、こうしたニーズに応えるべく著した本である。まだまだ試行錯誤の段階ではあるが、複数の大企業でのプロジェクト経験と検証を経た実践的な内容であると考えている。

あなたの会社や組織が同じような課題感を持っているとしたら、ぜひ本書を活用して、新たな未来を創り出していってほしい。

未来創造というと、「選ばれた特別な人がするもの」と思うかもしれない。

しかし、そんなあなたもスマートフォンは持っているはずだ。You Tube

もTikTokも見るだろう。未来は否応なしに訪れてくる。そしてあなた自身も、その未来に参加している「当事者」なのだ。

どんな未来を創り出すか、それはあなた自身の問題でもある。

自分が、そして自分が関わる人たちが、また自分のいる社会や世界を、より良いものとすべく、「自分ごと」として未来を創り出していこう。

本書を上梓するにあたり、多くの皆様にご協力いただきました。本書は皆様のご協力の賜物です。あらためて感謝いたします。

とくに以下の方には、若干設定を変えて、本文のケーススタディの中で友情出演していただきました。

（法人格などは省略）

・伊社教授役：大社充さん／芸術文化観光専門職大学教授。観光を専門とする大社先生にはDMOなどについてご教示いただきました。
・伊瀬社長役：勝瀬博則さん／欧米最大のOTA Booking.com と中国最大のOTA Trip.com の日本代表を歴任された勝瀬さんには、インバウンド観光客の行動についてご教示いただきました。
・市役所の伊賀議長役：伊賀大介さん／高松市都市整備局交通政策課
・市役所の伊岡さん役：吉岡由美さん／グローバル・エデュケーション・アンド・トレーニング・コンサルタンツ
・元DJの伊澤さん役：梅澤高明さん／A.T.カーニー日本法人会長、CTC Japan会長
・農家の伊能さん役：伊能美和子さん／Yokogushist代表取締役、ヨコグシスト
・武道の伊豊さん役：豊田圭一さん／スパイスアップ・ジャパン代表取締役、神田外語大学客員教授
・釣り師の伊森さん役：古森剛さん／CORESCO代表取締役、立命館アジア太平洋大学客員教授
・坪川さん役：前川久美子さん／積水メディカル事業戦略室
・ツボタの坪倉本部長役：長倉誠さん／バイオテック代表取締役社長
・タコボウズの坪吉先生役：光吉俊二さん／東京大学特任准教授

・幸福研究者の坪戸先生役：戸田久美さん／アンガーマネジメント協会理事と、宍戸幹央さん／鎌倉マインドフルネス・ラボ代表、ZEN2.0共同創立者のお２人がモデルです。

また、以下の方々に本書の原稿をレビューいただき、多くの示唆をいただきました。ありがとうございます。

・藤元健太郎さん／D4DR代表取締役社長
・多田款さん／医療ベンチャーAMI、新規事業立ち上げ請負人
・林田智洋さん／HiAc代表
・秋山ゆかりさん／事業開発コンサルタント、ソプラノ歌手
・小早川優子さん／ワークシフト研究所代表取締役社長
・木伏源太さん／経営コンサルタント、中小企業診断士
・奥野洋子さん／都築電気人事戦略室、働き方コンサルタント

そして何より、今まで未来創造のプロジェクトに参加いただいた皆様に感謝いたします。皆様とのプロジェクトでの試行錯誤があったからこそ、この本で紹介する方法論を作ることができました。

あらためて感謝するとともに、プロジェクトでの検討成果を皆様の未来の事業創造の成功事例としていただければ幸いです。

最後にこの本を読んでいただいた読者の「あなた」に感謝いたします。

あなたが未来創造への第一歩を踏み出していただくことが、著者にとっては最大の喜びです。

あなたの、そして私たちの、豊かで明るい未来を一緒に創り出していきましょう。

著者

河瀬　誠（かわせ　まこと）
エムケー・アンド・アソシエイツ代表。立命館大学客員教授。
東京大学工学部卒。ボストン大学経営大学院理学修士および経営学修士（MBA）修了。
王子製紙にてプラント設計を担当。A.T.カーニーにて経営戦略および新規事業のコンサルティングを担当。ソフトバンク・グループにて新規事業開発を担当。コンサルティング会社ICMGを経て現職。
現在は、主に未来創造、新規事業開発、および海外事業展開に関する戦略策定と実行支援に従事、また未来予測のセミナーを担当。
著書に、『戦略思考コンプリートブック』『経営戦略ワークブック』『新事業開発スタートブック』（以上、日本実業出版社）、『戦略思考のすすめ』（講談社現代新書）、『マンガでやさしくわかる問題解決』（日本能率協会マネジメントセンター）など。
HP（連絡先）www.mkandassociates.jp/

30年後（ねんご）のビジネスを「妄想（もうそう）・構想（こうそう）・実装（じっそう）」する
未来創造戦略（みらいそうぞうせんりゃく）ワークブック

2022年11月1日　初版発行

著　者　河瀬　誠

発行者　杉本淳一

発行所　株式会社日本実業出版社　東京都新宿区市谷本村町3−29 〒162-0845
編集部 ☎03-3268-5651
営業部 ☎03-3268-5161　振　替　00170-1-25349
https://www.njg.co.jp/

印刷／理 想 社　　製 本／共 栄 社

ISBN 978-4-534-05956-7　Printed in JAPAN